일터에서 살아가는 그리스도인들을 위한

월요일의 그리스도인

STUDY GUIDE

월요일의 그리스도인
STUDY GUIDE

ⓒ 생명의말씀사 2014

2014년 11월 5일 1판 1쇄 발행

펴낸이 | 김재권
펴낸곳 | 생명의말씀사

등록 | 1962. 1. 10. No.300-1962-1
주소 | 서울시 종로구 경희궁1길 5-9(110-062)
전화 | 02)738-6555(본사) · 02)3159-7979(영업)
팩스 | 02)739-3824(본사) · 080-022-8585(영업)

엮은이 | 최영수(직장사역훈련센터)

기획편집 | 구자섭, 이은정
디자인 | 김혜진
인쇄 | 영진문원
제본 | 정문바인텍

ISBN 978-89-04-13194-5 (03230)

저작권자의 허락없이 이 책의 일부 또는 전체를
무단 복제, 전재, 발췌하면 저작권법에 의해 처벌을 받습니다.

일터에서 살아가는 그리스도인들을 위한
월요일의 그리스도인
STUDY GUIDE

교재를 시작하기 전에

기독교 서점에 가보면 성경공부 서가를 가득 채우고 있는 성경공부 교재들이 눈에 띕니다. 그 교재들은 성경에 접근하는 방식에 따라 크게 본문 성경공부 교재와 주제별 성경공부 교재로 나뉩니다. 『월요일의 그리스도인 스터디 가이드』는 일종의 주제별 성경공부 교재라고 할 수 있습니다.

일터 속에 있는 그리스도인들에게는 누구나 부딪힐 수밖에 없는 문제들이 있습니다. "신앙인에게 직업과 일터에서의 활동은 무슨 의미가 있을까?", "대인관계의 갈등에 대한 성경적인 대안은 무엇일까?", "만연된 부조리에 대한 성경적인 원리와 실제적인 대안을 세울 수 있을까?", "그리스도인에게 있어서 승진은 무슨 의미가 있으며, 세상적 성공과 신앙 안에서의 성공적인 삶은 어떤 차이가 있을까?", "직장생활의 경쟁력 향상을 위한 신앙인의 노력은 불신앙인과 비교하여 어떤 차이가 있어야 하는가?", "술과 회식으로 인한 갈등은 어떻게 감당해야 하는가?" 등등. 이와 같은 문제들에 대해 성경적 원리와 실제적 대안을 갖게 된다면, 우리는 일터에서 구별된 삶을 위해 진정한 영적 싸움을 시작할 수 있습니다.

『월요일의 그리스도인 스터디 가이드』는 이런 문제들에 대해 함께 토론하며, 함께 성경적인 대안을 찾을 수 있도록 했습니다. 교회의 청년부나 장년부, 직장 신우회에서 소그룹으로 모여 이 교재를 사용하면 큰 유익을 얻을 수 있습니다.

1. 먼저 성경 구절을 찾아보고 함께 토의해 가면서 공부해 가십시오.
2. 『월요일의 그리스도인』을 읽어가면서, 교재를 함께 풀면 큰 유익이 있습니다.
3. 교재 내용에 대해 문의할 사항이 있으면 직장사역훈련센터로 연락하시면 자세한 안내를 받을 수 있습니다.
4. 인도자들을 위한 가이드북은 직장사역훈련센터로 연락하면 구입하실 수 있습니다.(T. 02-3142-2574)

목차

1 하나님의 일 vs 세상의 일 6
: 그리스도인에게 '일'은 무슨 의미가 있는가?

2 일터, 진정한 영성의 자리 18
: 진정한 영적 성장은 일상생활 속에서 완성된다.

3 재물인가?, 죄물인가 30
: 그리스도인에게 '돈'은 어떤 의미가 있는가?

4 그리스도인의 재테크 38
: 그리스도인은 재물을 어떻게 관리해야 하는가?

5 일터 문화, 마주하기 VS 등돌리기 48
: 그리스도인은 일터에서 어떻게 살아야 하는가?

6 일터 문화에서 그리스도인으로 살아남기 58
: 그리스도인은 일터 문화 속에서 어떻게 생존할 수 있을까?

7 일터에서 뒤엉킨 대인관계 매듭풀기 66
: 일터에서 피할 수 없는 갈등을 지혜롭게 극복하라.

8 일, 하나님의 소명 76
: 일상생활 속에서 하나님의 소명을 어떻게 이룰 수 있을까?

9 일터, 인생 학교 88
: 일터는 신앙의 훈련장이다.

1
하나님의 일 vs 세상의 일

: 그리스도인에게 '일'은 무슨 의미가 있는가?

평생 직업을 가지고 일하다가 은퇴한 분이 '세상 일'은 그만 하고 '하나님의 일'을 하겠다고 자랑스럽게 선언하는 것은 하나님의 일에 대한 이해가 편협한 것을 보여줍니다.

과연 '하나님의 일'은 무엇이고 '육적인 일'과 '영적인 일'은 무엇입니까? 많은 사람들이 세상의 직업과 목회직을 잘못 이해하고 있는데, 결국 이것은 이원론적인 생각 때문입니다. 물론 우리 한국 교회 성도들만의 문제는 아니고 그리스 철학의 영향으로 일찍부터 문제가 되어 온 것입니다.

이제부터 잘못된 이원론이 낳은 직업관과 교회관을 점검하면서 일터에 대한 성경적 이해를 점검해 보기 바랍니다.

❖ 하나님의 일과 세상의 일에 대한 성경적 이해

1. 다음 도표를 보면서 각 영역은 어디에 해당하는지 줄로 이어 보십시오.

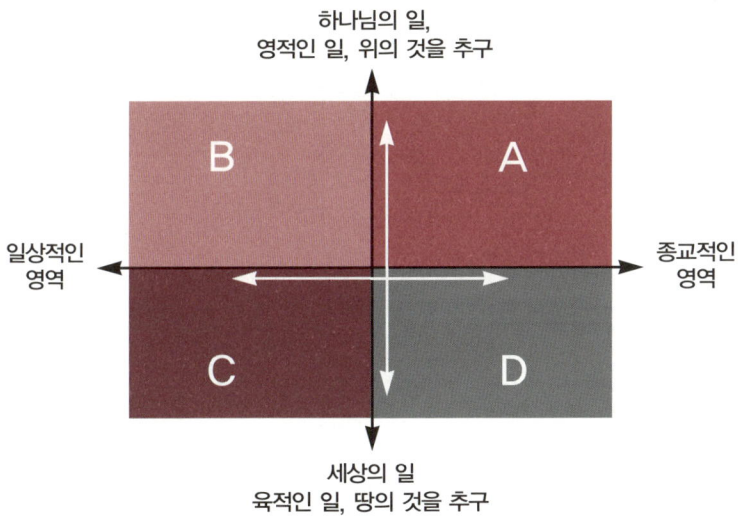

A •　　　　• ① 일상적 영역에서의 **하나님의 일**: 일상의 영성
　　　　　　　(딤전 4:4-5)

B •　　　　• ② 일상적 영역에서의 **세상의 일**: 세속의 일상

C •　　　　• ③ 종교적 영역에서의 **하나님의 일**: 종교적인 영성

D •　　　　• ④ 종교적 영역에서의 **세상의 일**: 세속화된 종교
　　　　　　　(사 1:10-17; 마 6:1-7)

기독교 역사에서 이원론의 근원은 대단한 족보를 가지고 있습니다. 하지만 영육(靈肉)과 성속(聖俗)을 구분하는 이원론은 종교적인 일과 일상적인 일로 구분하면 의외로 쉽게 이해될 수 있습니다. 앞 장의 도표를 이해한 후 도표 아래에 있는 내용을 네 영역으로 나누어 보십시오.

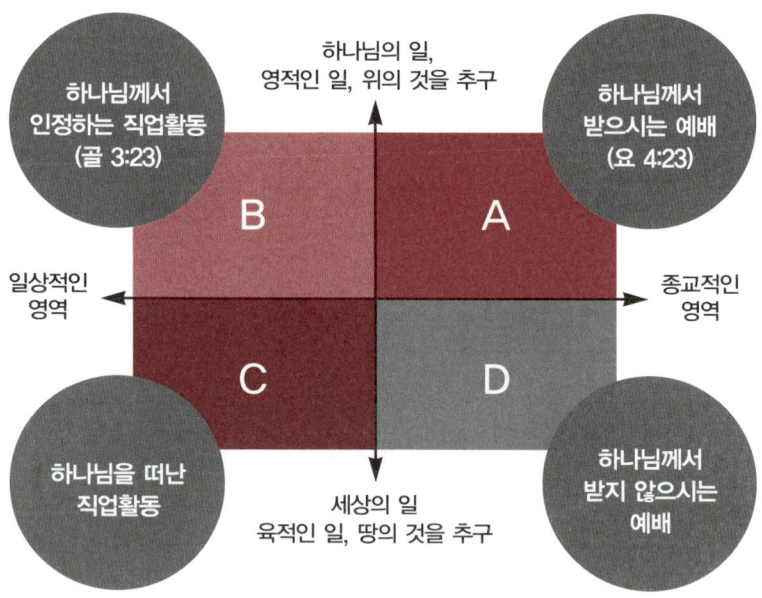

2. 하나님께서 받으시는 예배(A영역)(요 4:23)와 하나님께서 받지 않으시는 예배(D영역)(창 4:4-5) / 하나님께서 인정하는 직업활동(B영역)과 하나님을 떠난 직업활동(C영역)을 어떻게 구분할 수 있을까요?

딤전 4:4-5
하나님께서 지으신 모든 것이 선하매 감사함으로 받으면 버릴 것이 없나니 하나님의 말씀과 기도로 거룩하여짐이라

사 1:10-17
너희 소돔의 관원들아 여호와의 말씀을 들을지어다 너희 고모라의 백성아 우리 하나님의 법에 귀를 기울일지어다 여호와께서 말씀하시되 너희의 무수한 제물이 내게 무엇이 유익하뇨 나는 숫양의 번제와 살진 짐승의 기름에 배불렀고 나는 수송아지나 어린 양이나 숫염소의 피를 기뻐하지 아니하노라 너희가 내 앞에 보이러 오니 이것을 누가 너희에게 요구하였느냐 내 마당만 밟을 뿐이니라 헛된 제물을 다시 가져오지 말라 분향은 내가 가증히 여기는 바요 월삭과 안식일과 대회로 모이는 것도 그러하니 성회와 아울러 악을 행하는 것을 내가 견디지 못하겠노라 내 마음이 너희의 월삭과 정한 절기를 싫어하나니 그것이 내게 무거운 짐이라 내가 지기에 곤비하였느니라 너희가 손을 펼 때에 내가 내 눈을 너희에게서 가리고 너희가 많이 기도할지라도 내가 듣지 아니하리니 이는 너희의 손에 피가 가득함이라 너희는 스스로 씻으며 스스로 깨끗하게 하여 내 목전에서 너희 악한 행실을 버리며 행악을 그치고 선행을 배우며 정의를 구하며 학대받는 자를 도와주며 고아를 위하여 신원하며 과부를 위하여 변호하라 하셨느니라

마 6:1-7
사람에게 보이려고 그들 앞에서 너희 의를 행하지 않도록 주의하라 그리하지 아니하면 하늘에 계신 너희 아버지께 상을 받지 못하느니라 그러므로 구제할 때에 외식하는 자가 사람에게서 영광을 받으려고 회당과 거리에서 하는 것같이 너희 앞에 나팔을 불지 말라 진실로 너희에게 이르노니 그들은 자기 상을 이미 받았느니라 너는 구제할 때에 오른손이 하는 것을 왼손이 모르게 하여 네 구제함을 은밀하게 하라 은밀한 중에 보시는 너의 아버지께서 갚으시리라 또 너희는 기도할 때에 외식하는 자와 같이 하지 말라 그들은 사람에게 보이려고 회당과 큰 거리 어귀에 서서 기도하기를 좋아하느니라 내가 진실로 너희에게 이르노니 그들은 자기 상을 이미 받았느니라 너는 기도할 때에 네 골방에 들어가 문을 닫고 은밀한 중에 계신 네 아버지께 기도하라 은밀한 중에 보시는 네 아버지께서 갚으시리라 또 기도할 때에 이방인과 같이 중언부언하지 말라 그들은 말을 많이 하여야 들으실 줄 생각하느니라

요 4:23
아버지께 참되게 예배하는 자들은 영과 진리로 예배할 때가 오나니 곧 이 때라 아버지께서는 자기에게 이렇게 예배하는 자들을 찾으시느니라

창 4:4-5
아벨은 자기도 양의 첫 새끼와 그 기름으로 드렸더니 여호와께서 아벨과 그의 제물은 받으셨으나 가인과 그의 제물은 받지 아니하신지라 가인이 몹시 분하여 안색이 변하니

골 3:23
무슨 일을 하든지 마음을 다하여 주께 하듯 하고 사람에게 하듯 하지 말라

3. 종교적 영역에서 하나님께 헌신한 목회자(A영역)와 삯군 목회자(D영역)를 어떻게 구분할 수 있을까요? 일상적 영역에서 하나님과 동행하는 헌신적 성도(B영역)와 하나님과 무관하게 살아가는 성도(C영역)를 어떻게 구분할 수 있을까요?(벧전 2:5, 9)

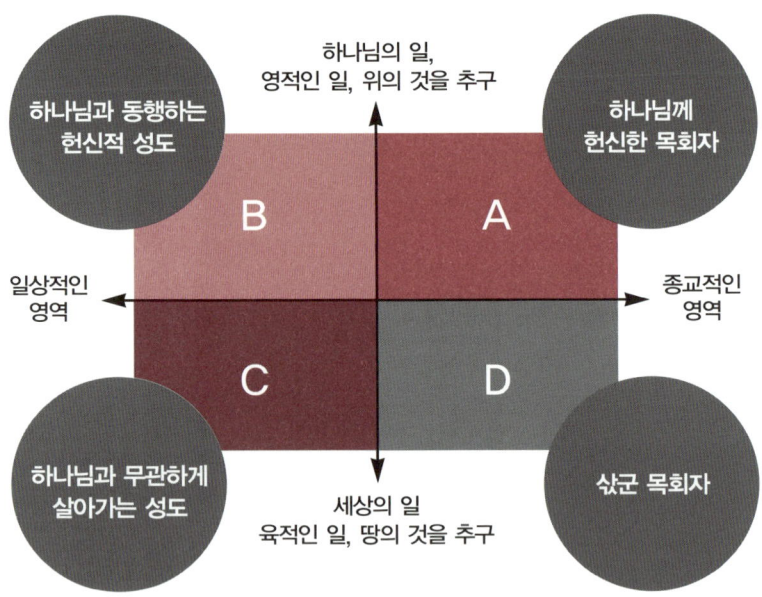

벧전 2:5
너희도 산 돌같이 신령한 집으로 세워지고 예수 그리스도로 말미암아 하나님이 기쁘게 받으실 신령한 제사를 드릴 거룩한 제사장이 될지니라

벧전 2:9
그러나 너희는 택하신 족속이요 왕 같은 제사장들이요 거룩한 나라요 그의 소유가 된 백성이니 이는 너희를 어두운 데서 불러내어 그의 기이한 빛에 들어가게 하신 이의 아름다운 덕을 선포하게 하려 하심이라

4. 교회에서 선포되는 설교에서 하나님의 말씀으로 받는 설교(A영역)와 사람의 말로 받는 설교(D영역)는 어떻게 구분됩니까? 나의 언어생활은 하나님께서 기뻐하시는 언어생활(B영역)과 세속적인 일상의 말(C영역)과 어떻게 구분됩니까? (살전 2:13; 삼하 16:10)

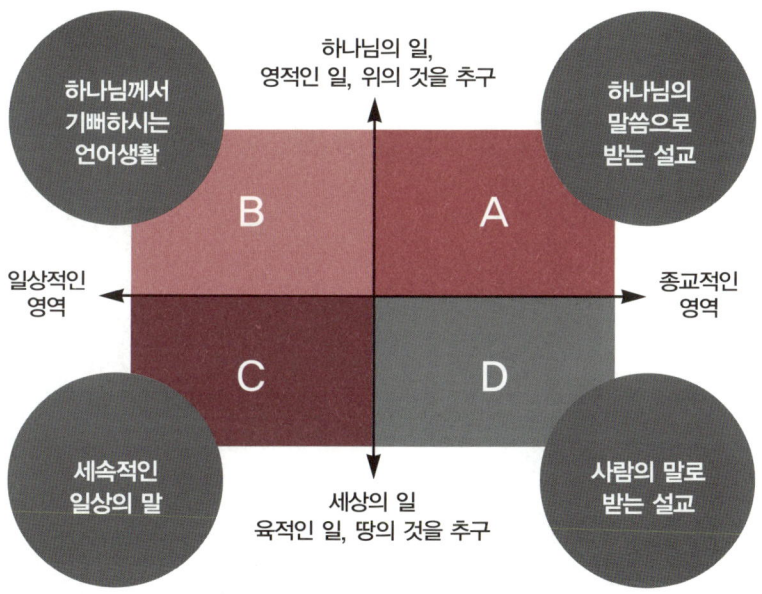

살전 2:13
이러므로 우리가 하나님께 끊임없이 감사함은 너희가 우리에게 들은 바 하나님의 말씀을 받을 때에 사람의 말로 받지 아니하고 하나님의 말씀으로 받음이니 진실로 그러하도다 이 말씀이 또한 너희 믿는 자 가운데에서 역사하느니라

삼하 16:10
왕이 이르되 스루야의 아들들아 내가 너희와 무슨 상관이 있느냐 그가 저주하는 것은 여호와께서 그에게 다윗을 저주하라 하심이니 네가 어찌 그리하였느냐 할 자가 누구겠느냐 하고

5. 하나님께서 받으시는 헌금(A영역)과 하나님께서 받지 않으시는 헌금(D영역)은 어떻게 구분됩니까?(신 23:18) / 헌금 이외에 나의 재물 관리는 하나님께서 기뻐하시는 영역(B영역)과 하나님께서 원치 않는 영역(C영역) 중 어디에 있습니까?(마 25:40)

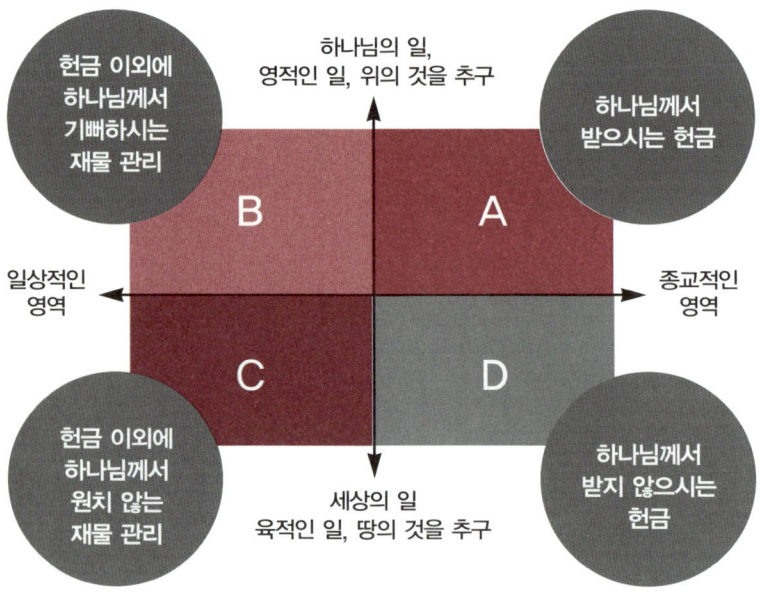

신 23:18
창기가 번 돈과 개 같은 자의 소득은 어떤 서원하는 일로든지 네 하나님 여호와의 전에 가져오지 말라 이 둘은 다 네 하나님 여호와께 가증한 것임이니라

마 25:40
임금이 대답하여 이르시되 내가 진실로 너희에게 이르노니 너희가 여기 내 형제 중에 지극히 작은 자 하나에게 한 것이 곧 내게 한 것이니라 하시고

6. 나의 평일은 하나님께서 기뻐하시는 생활(B영역)에 있습니까? 아니면 하나님의 뜻과 무관한 생활(C영역)에 있습니까? 나의 주일은 하나님께서 받으시는 A영역에 있습니까? 하나님께서 받지 않으시는 D영역에 있습니까? (롬 14:5)

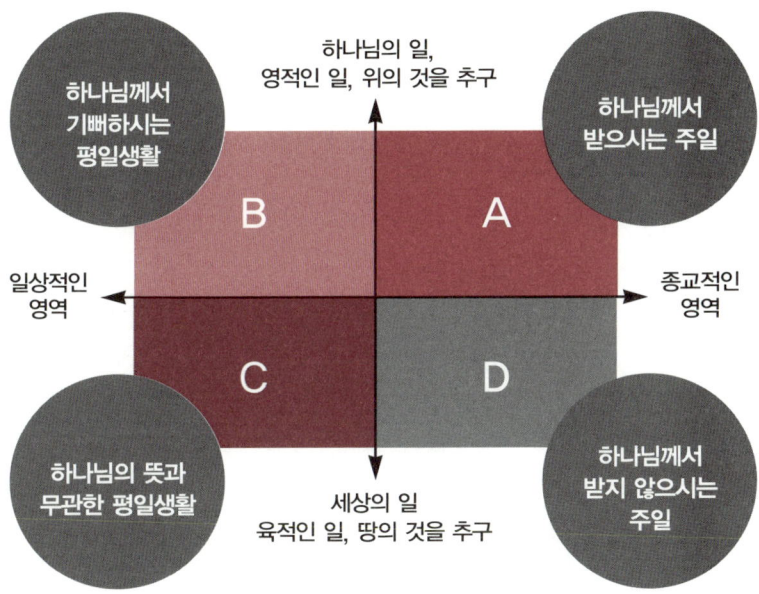

롬 14:5
어떤 사람은 이 날을 저 날보다 낫게 여기고 어떤 사람은 모든 날을 같게 여기나니 각각 자기 마음으로 확정할지니라

7. 성경의 인물들을 네 구역으로 나누어 기록해 보십시오. 특별히 일상적인 삶의 영역에서 하나님의 일을 행하였던 인물에 대해 나누어 봅시다. 성경책을 참조해도 좋습니다.

(예: 아브라함, 다윗, 사울 왕, 가룟유다, 이삭, 요셉, 다윗, 오바댜, 다니엘, 느헤미야, 사무엘, 엘리야, 엘리사, 이사야, 베드로, 바울, 아간, 게하시, 오므리 왕, 아합 왕, 베스도, 헤롯, 아나니아와 삽비라, 나답, 아비후, 홉니와 비느하스 등)

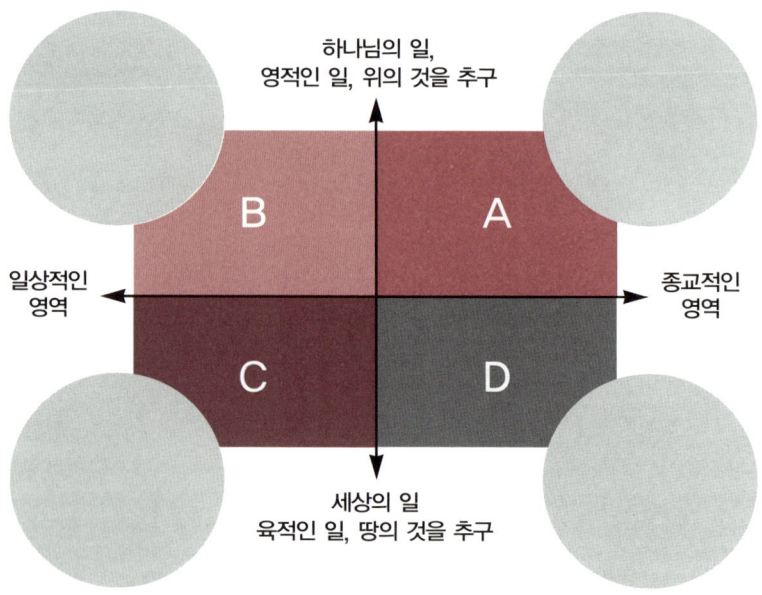

8. 우리는 일상생활, 곧 일터와 가정에서 살아갈 때 어떻게 B영역에서 살아갔던 아브라함과 이삭 등 성경의 인물들처럼 살아갈 수 있을까요? (창 21:22, 26:12-14, 28)

창 21:22
그 때에 아비멜렉과 그 군대 장관 비골이 아브라함에게 말하여 이르되 네가 무슨 일을 하든지 하나님이 너와 함께 계시도다

창 26:12-14
이삭이 그 땅에서 농사하여 그 해에 백 배나 얻었고 여호와께서 복을 주시므로 그 사람이 창대하고 왕성하여 마침내 거부가 되어 양과 소가 떼를 이루고 종이 심히 많으므로 블레셋 사람이 그를 시기하여

창 26:28
그들이 이르되 여호와께서 너와 함께 계심을 우리가 분명히 보았으므로 우리의 사이 곧 우리와 너 사이에 맹세하여 너와 계약을 맺으리라 말하였노라

❯❯ 적용 질문

1. 이번 주 나의 일상생활(일터)에서 하나님과 동행하려면 어떻게 해야 합니까?

마치면서 ―

1. 둘씩 짝을 지어 적용을 나누고 서로를 위해 기도합시다.
2. 인도자는 주중에 조원들에게 문자나 전화를 하여 어떻게 적용이 진행되고 있는지 확인하고 권면하는 시간을 갖는 것이 좋습니다.

월요일의 **그리스도인**
STUDY GUIDE

2

일터, 진정한 영성의 자리

: 진정한 영적 성장은 일상생활 속에서 완성된다.

그리스도인들에게 있어서
교회와 일터의 관계와 의미는 중요합니다.
교회와 일터의 관계는
마치 '휴게소와 고속도로'의 관계라고 비유할 수 있습니다.
진정한 영적 성장은 일상생활 속에서 완성됩니다.

⁂ 일상생활의 신앙 (3R)

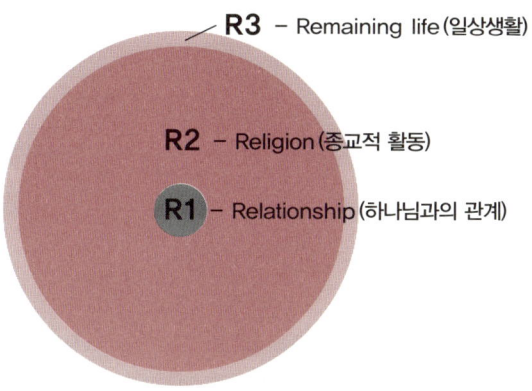

1. 위 도표에서 가장 가운데 있는 R1은 인간의 삶에 있어서 하나님과의 기본적인 관계(Relationship)를 말합니다. 인간의 삶은 여기에서 시작한다고 말할 수 있습니다. 부부 사이에서도 로맨스(Romans)나 서로에 대한 책임(Responsibility)보다 더 중요한 것이 바로 이 관계입니다. 당신은 하나님과 개인적인 만남의 관계를 가지고 있습니까? 하나님과 언약의 관계로 맺어진 사이라는 것을 확신하십니까?

Q. 내가 거듭났다는 것을 어떻게 확신할 수 있습니까?

2. 일상생활의 두 번째 영역인 R2는 종교적인 표현(Religion)을 말합니다. 특히 교회 공동체 안에 함께 있는 사람들에게 잘 보이는 영역입니다. 다음의 다섯 가지 중, 당신의 교회생활에 있어

서 어떤 부분을 중요하게 생각했는지, 어떤 부분은 부족했는지 서로 이야기를 나누어 보십시오.

1) 신앙고백(이념적 차원의 신앙) :

사도신경, 웨스트민스터 신앙고백 등과 같은 전통적인 신앙고백을 의미합니다. 이런 신앙고백은 일반 교회에서 세례자를 교육할 때 활용됩니다.

2) 예배(의례적 차원의 신앙) :

의식적 예배, 성만찬, 세례 등. 성만찬은 그리스도의 몸과 피에 동참하는 의례적 예배였는데, 너무 가볍게 처리하지는 않는지 또 시행하는 횟수도 너무 적지 않은지 돌아보아야 합니다.

3) 종교적 경험(체험적 차원의 신앙) :

개인의 신앙적 체험은 개인의 신앙 성장과 교회 성장에 매우 유익합니다. 하지만 말씀과의 균형을 잃을 때 교회에 덕을 끼치지 못하고 문제를 일으킬 수 있습니다.

4) 성경지식(지성적 차원의 신앙) :

지성적 측면으로 성경 공부를 중심으로 하는 신앙 활동입니다. 그러나 지성적인 영역에만 치중하면 성령의 역사하심에 따른 감정적이고 체험적인 신앙을 무시할 수 있습니다.

5) 종교 활동(활동적 차원의 신앙) :

주일학교 봉사, 성가대, 주차 안내, 식당, 예배 진행을 위한 봉사 등 교회 중심의 활동을 말합니다. 하지만 신앙의 종교적 표현은 하나님께 영광을 돌리고 이웃을 사랑하고자 할 때 바람직하게 나타납니다.

3. 일상생활의 세 번째 영역인 R3는 신앙의 일상적 표현(Remaining Life)입니다. 우리 그리스도인들은 교회생활을 말하는 두 번째 영역에만 머무르지 말고, 일상생활 속에서 그리스도인임을 표현해야 합니다. 다음의 다섯 가지 중, 과연 당신은 각 영역에서 어느 수준에 있는지 확인하고 평가해 보도록 합시다.

1) 개인생활(골 3:12-14) :

하나님의 택하심을 받은 거룩하고 사랑받은 자답게 긍휼, 자비, 겸손, 온유, 오래 참음, 용서, 사랑을 실천해야 합니다.

> Q. 이 말씀과 같이 온전함을 추구하려면 어떻게 해야 합니까? 구체적으로 적용할 수 있는 것이 무엇입니까?
>
> ❶ 나는 하나님의 택하심을 받아서 거룩하고 사랑받는 자라는 확신이 있습니까?
>
> ❷ 하나님의 은혜를 받은 자답게 관용과 자비와 사랑의 정신이 있습니까?
>
> ❸ 나와 가장 가까이 있는 사람들과의 관계에서부터 살펴볼 때, 내게 부족한 점은 무엇입니까?

2) 교회생활(골 3:15-17) :

공동체와 더불어 그리스도의 평강, 한 몸됨, 감사하는 삶, 그리스도의 말씀의 풍성함으로 피차 가르치고 권면함, 시와 찬미와 신령한 노래로 감사함으로 하나님께 찬양하는 삶 등이 교회생활입니다.

Q. 당신의 교회에는 무엇이 적용되어야 합니까?

Q. 교회생활에 어떻게 적용할 수 있습니까?

3) 가정생활(골 3:18-21) :

아내는 남편에게 복종하고 남편은 아내를 사랑해야 하며 자녀들은 모든 일에 부모님께 순종해야 합니다. 그리고 아비들은 자녀들을 화나게 하지 말아야 합니다.

Q. 가정에서 나 자신에게 적용한다면 어떻게 해야 합니까? 주님이 원하시는 가정으로 회복되기 위해서 무엇을 적용해야 합니까?

골 3:12-14
그러므로 너희는 하나님이 택하사 거룩하고 사랑받는 자처럼 긍휼과 자비와 겸손과 온유와 오래 참음을 옷 입고 누가 누구에게 불만이 있거든 서로 용납하여 피차 용서하되 주께서 너희를 용서하신 것같이 너희도 그리하고 이 모든 것 위에 사랑을 더하라 이는 온전하게 매는 띠니라

골 3:15-17
그리스도의 평강이 너희 마음을 주장하게 하라 너희는 평강을 위하여 한 몸으로 부르심을 받았나니 너희는 또한 감사하는 자가 되라 그리스도의 말씀이 너희 속에 풍성히 거하여 모든 지혜로 피차 가르치며 권면하고 시와 찬송과 신령한 노래를 부르며 감사하는 마음으로 하나님을 찬양하고 또 무엇을 하든지 말에나 일에나 다 주 예수의 이름으로 하고 그를 힘입어 하나님 아버지께 감사하라

4) 직장생활 (골 3:22-4:1) :

종(노예)들은 상전에게 순종하고 모든 일을 주께 하듯 해야 합니다. 상전들은 종(노예)들에게 의와 공평으로 행해야 합니다.

Q. 직장에서 나에게 적용한다면 어떻게 해야 합니까?

5) 사회생활(비그리스도인과의 관계) (골 4:5-6) :

지혜로 행하여 세월을 아끼고 하나님께서 허락하신 한 번밖에 없는 삶을 잃어버리지 않도록 해야 합니다. 은혜를 끼치는 말과 행실을 해야 합니다.

Q. 나는 비그리스도인들과 어떤 관계를 형성하고 있습니까?

Q. 비그리스도인들과의 관계에서 내가 변화되어야 할 점은 무엇입니까?

골 3:18-21
아내들아 남편에게 복종하라 이는 주 안에서 마땅하니라 남편들아 아내를 사랑하며 괴롭게 하지 말라 자녀들아 모든 일에 부모에게 순종하라 이는 주 안에서 기쁘게 하는 것이니라 아비들아 너희 자녀를 노엽게 하지 말지니 낙심할까 함이라

골 3:22-4:1
종들아 모든 일에 육신의 상전들에게 순종하되 사람을 기쁘게 하는 자와 같이 눈가림만 하지 말고 오직 주를 두려워하여 성실한 마음으로 하라 무슨 일을 하든지 마음을 다하여 주께 하듯 하고 사람에게 하듯 하지 말라 이는 기업의 상을 주께 받을 줄 아나니 너희는 주 그리스도를 섬기느니라 불의를 행하는 자는 불의의 보응을 받으리니 주는 사람을 외모로 취하심이 없느니라 상전들아 의와 공평을 종들에게 베풀지니 너희에게도 하늘에 상전이 계심을 알지어다

골 4:5-6
외인에게 대해서는 지혜로 행하여 세월을 아끼라 너희 말을 항상 은혜 가운데서 소금으로 맛을 냄과 같이 하라 그리하면 각 사람에게 마땅히 대답할 것을 알리라

4. 꽤 복잡하게 묘사한 신앙의 각 영역에 대해서 다시 점검해 보도록 하겠습니다. 해당되는 곳에 표시해 보십시오.

1) 하나님께서 보시는 신앙은 무엇입니까?(R1, R2, R3)

2) 교회 안 성도들의 눈에 보이는 신앙은 무엇입니까?(R1, R2, R3)

3) 일터에서 동료들의 눈에 보이는 신앙은 무엇입니까?(R1, R2, R3)

4) 구원 얻게 하는 신앙(엡 2:8-9)은 무엇입니까?(R1, R2, R3)

엡 2:8, 9
너희는 그 은혜에 의하여 믿음으로 말미암아 구원을 받았으니 이것은 너희에게서 난 것이 아니요 하나님의 선물이라 행위에서 난 것이 아니니 이는 누구든지 자랑하지 못하게 함이라

5) 야고보가 말하는 행함이 있는 신앙은 무엇입니까?(약 2:22)
   (R1, R2, R3)

Q. 현대의 교회에서 R1, R2, R3의 균형이 깨어진 왜곡된 신앙생활의 모습은?

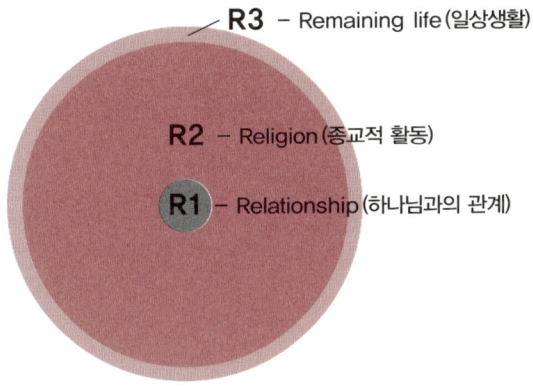

약 2:22
네가 보거니와 믿음이 그의 행함과 함께 일하고 행함으로 믿음이 온전하게 되었느니라

❖ 진정한 교회(모인 교회와 흩어진 교회)

5. 교회를 성경적으로 이해하기 위해서는 "교회는 무엇인가?"보다 "교회는 어디에 있는가?"라는 질문을 해볼 필요가 있습니다. 주일에는 교회가 어디에 있는지 찾기는 쉬우나 월요일부터 시작되는 주중 교회는 어디에 있습니까? (고전 1:2, 16:19; 롬 16:5)

모인 교회(gathered church)와 흩어진 교회(scattered church) 개념으로 교회를 이해해 보십시오. 이런 의미에서 교회는 바로 '하나님의 사람들' 입니다.

6. 모인 교회의 기본적인 사역은 무엇입니까? 제자가 된 성도들에게 가장 필수적인 사역에 대해서 성경은 분명하게 가르쳐주고 있습니다(마 28:19, 딤후 2:2).

기본적인 양육 사역 외에 은사에 따른 다양한 사역들이 있습니다(예배를 위한 봉사, 아이들을 가르치는 일, 먹을 것을 준비하는 일, 교회 재정을 관리하는 일, 주차 관리 등). 그러면 모인 교회에서는 이 사역의 주도적인 역할을 목회자와 성도들 중에서 누가 합니까? 목회자들이 합니다.

고전 1:2
고린도에 있는 하나님의 교회 곧 그리스도 예수 안에서 거룩하여지고 성도라 부르심을 받은 자들과 또 각처에서 우리의 주 곧 그들과 우리의 주 되신 예수 그리스도의 이름을 부르는 모든 자들에게

고전 16:19
아시아의 교회들이 너희에게 문안하고 아굴라와 브리스가와 그 집에 있는 교회가 주 안에서 너희에게 간절히 문안하고

7. 흩어진 교회의 기본적인 사역은 무엇입니까? 예루살렘을 떠나 흩어졌던 사람들이 좋은 예입니다(행 1:8, 11:19-21).

기본적인 전도 사역 외에 생활 영역에 따른 다양한 사역들이 있습니다(가정의 일, 직장의 일, 사회 구성원과 국민의 책임을 다하는 일 등). 그러면 흩어진 교회에서는 사역의 주도적인 역할을 누가 합니까? 성도들이 합니다. 목회자는 '조연' 입니다.

"그리스도인들에게 교회와 일터의 관계와 의미는 중요합니다. 교회와 일터의 관계는 마치 '휴게소와 고속도로'의 관계로 비유할 수 있습니다. 모인 교회에서 말씀과 은혜로 충전을 받은 당신은 삶의 현장인 일터에서 교회를 대표하는 하나님의 사람으로서 살아가야 합니다. 성경적 직업관과 일상생활의 신앙, 교회관을 배운 당신의 새로운 결심을 이야기해 보시기 바랍니다."

롬 16:5
또 저의 집에 있는 교회에도 문안하라 내가 사랑하는 에배네도에게 문안하라 그는 아시아에서 그리스도께 처음 맺은 열매니라
마 28:19
그러므로 너희는 가서 모든 민족을 제자로 삼아 아버지와 아들과 성령의 이름으로 세례를 베풀고
딤후 2:2
또 네가 많은 증인 앞에서 내게 들은 바를 충성된 사람들에게 부탁하라 그들이 또 다른 사람들을 가르칠 수 있으리라
행 1:8
오직 성령이 너희에게 임하시면 너희가 권능을 받고 예루살렘과 온 유대와 사마리아와 땅 끝까지 이르러 내 증인이 되리라 하시니라
행 11:19-21
그 때에 스데반의 일로 일어난 환난으로 말미암아 흩어진 자들이 베니게와 구브로와 안디옥까지 이르러 유대인에게만 말씀을 전하는데 그 중에 구브로와 구레네 몇 사람이 안디옥에 이르러 헬라인에게도 말하여 주 예수를 전파하니 주의 손이 그들과 함께 하시매 수많은 사람들이 믿고 주께 돌아오더라

∵ 적용 질문

1. 2과에서 각자 적용할 것을 찾아봅시다.
2. 일상적인 삶의 영역에서 주님과 동행하려면 어떻게 해야 합니까? 각자 적용한 후 함께 나눠 봅시다.

마치면서 —

1. 둘씩 짝을 지어 적용을 나누고 서로를 위해 기도합시다.
2. 인도자는 주중에 조원들에게 문자나 전화를 하여 어떻게 적용이 진행되고 있는지 확인하고 권면하는 시간을 갖는 것이 좋습니다.

3

재물인가?, 죄물인가

: 그리스도인에게 '돈'은 어떤 의미가 있는가?

많은 사람들이 직업을 '돈벌이'라고 단적으로 표현할 만큼 우리의 일은 돈과 밀접한 관계가 있습니다. 따라서 돈에 대하여 바른 자세를 가지지 못할 때는 일에 임하는 자세도 흐트러질 수 있습니다.
황금만능주의라는 시대적 영향력으로 인해 사람들은 돈을 모든 일의 중심으로 생각하고, 어떤 사람은 돈 자체를 죄악시하는 경향도 보입니다. 돈의 가치와 사용에 대한 성경적 자세는 이와 다릅니다.
성경이 말하는 재물관을 올바로 깨달을 때 일터에서 더 큰 보람과 의미를 찾고 성공적으로 일할 수 있을 것입니다.

:): 사람의 가치는 재물에 있지 않다

1. 현대 사회는 돈이면 무엇이든 할 수 있다는 풍조가 만연해 있습니다. 한마디로 '돈'이 이 시대의 슈퍼맨이 되어버린 것입니다. 돈 때문에 열등감을 느꼈거나, 반면 우월감을 느꼈던 경험이 있으면 이야기해 봅시다.

2. 다윗은 자기가 모은 재물에 대해서 어떤 고백을 했습니까?(대상 29:14-15) 솔로몬의 경우와 비교해서 말해 봅시다(전 5:10 참조). 여기서 얻을 수 있는 교훈은 무엇입니까?

> 사람이 소유한 재물은 그 사람을 이루는 작은 부분에 불과합니다. 그러므로 사람이 자신의 정체성이나 가치를 자신이 소유한 재물에서 찾아서는 안 됩니다. 돈이 없어서 쩔쩔매던 사람도 여유가 생기면 자기보다 조금 가난해 보이는 사람 앞에서 잘난 척하곤 합니다. 그것은 가난할 때 느꼈던 열등감이 돈을 조금 소유한 후에 우월감으로 나타나는 것입니다. 부끄러운 모습이 아닐 수 없습니다.

대상 29:14-15
나와 내 백성이 무엇이기에 이처럼 즐거운 마음으로 드릴 힘이 있었나이까 모든 것이 주께로 말미암았사오니 우리가 주의 손에서 받은 것으로 주께 드렸을 뿐이니이다 우리는 우리 조상들과 같이 주님 앞에서 이방 나그네와 거류민들이라 세상에 있는 날이 그림자 같아서 희망이 없나이다

전 5:10
은을 사랑하는 자는 은으로 만족하지 못하고 풍요를 사랑하는 자는 소득으로 만족하지 아니하나니 이것도 헛되도다

∴ 돈의 위험성
  : 신(神)과 같은 존재가 되어버린 돈

3. 돈 자체는 악한 것이 아닙니다. 예수님도 이 땅에 계실 때 돈을 사용하셨으며(요 4:8), 돈이 필요하기도 하셨습니다(마 17:24, 27). 전도서 기자는 재물에 대해서 어떻게 말합니까?(전 7:12, 10:19 하)

4. 성경은 부지런히 일하고 절약해서 부자가 되는 것을 긍정적으로 권면합니다(잠 6:6-8, 10:4). 그러나 부의 추구가 탐욕으로 치달을 때 우상 숭배가 된다는 사실도 가르쳐줍니다(골 3:5). 다음에 나오는 부자의 이야기들을 통해 이러한 예를 살펴봅시다.

요 4:8
이는 제자들이 먹을 것을 사러 그 동네에 들어갔음이러라

마 17:24
가버나움에 이르니 반 세겔 받는 자들이 베드로에게 나아와 이르되 너의 선생은 반 세겔을 내지 아니하느냐

마 17:27
그러나 우리가 그들이 실족하지 않게 하기 위하여 네가 바다에 가서 낚시를 던져 먼저 오르는 고기를 가져 입을 열면 돈 한 세겔을 얻을 것이니 가져다가 나와 너를 위하여 주라 하시니라

전 7:12
지혜의 그늘 아래에 있음은 돈의 그늘 아래에 있음과 같으나, 지혜에 관한 지식이 더 유익함은 지혜가 그 지혜 있는 자를 살리기 때문이니라

전 10:19
잔치는 희락을 위하여 베푸는 것이요 포도주는 생명을 기쁘게 하는 것이나 돈은 범사에 이용되느니라

1) 부자 청년이 예수님의 권면을 따르지 못한 이유는 무엇이 었습니까?(막 10:22)

2) 부자 농부가 하나님께 책망을 들었던 이유는 무엇입니까?
  (눅 12:21)

5. 잘못된 방법인 줄 알면서도 돈을 벌어야 하는 일의 근본적 속성 때문에 딜레마에 빠질 수 있습니다. 직장생활을 하면서 돈이 우상이 되어 어려움을 겪었던 적이 있었다면 이야기를 나누어 봅시다.

돈에는 신적인 힘이 있습니다. 그래서 돈을 사용하고 부를 축적하는 데 관심을 쏟다 보면 부지중에 돈의 노예가 되어버릴 수도 있습니다. 즉 돈이 생활에 필요한 도구를 넘어서서 사람 위에 군림하게 되는 것입니다. 사람이 돈을 쓰는 것이 아니라 돈이 사람을 휘두르게 됩니다. 돈을 하나님처럼 섬긴다면 현대인에게 있어서 그것만큼 큰 우상은 없을 것입니다.

잠 6:6-8
게으른 자여 개미에게 가서 그가 하는 것을 보고 지혜를 얻으라 개미는 두령도 없고 감독자도 없고 통치자도 없으되 먹을 것을 여름 동안에 예비하며 추수 때에 양식을 모으느니라
잠 10:4
손을 게으르게 놀리는 자는 가난하게 되고 손이 부지런한 자는 부하게 되느니라
골 3:5
그러므로 땅에 있는 지체를 죽이라 곧 음란과 부정과 사욕과 악한 정욕과 탐심이니 탐심은 우상 숭배니라
막 10:22
그 사람은 재물이 많은 고로 이 말씀으로 인하여 슬픈 기색을 띠고 근심하며 가니라
눅 12:21
자기를 위하여 재물을 쌓아 두고 하나님께 대하여 부요하지 못한 자가 이와 같으니라

6. 사도 바울도 돈 자체를 부정하지는 않지만 돈을 사랑하는 사람이 맞게 될 결과에 대해서는 무엇이라고 말합니까?(딤전 6:10)

Q. 돈이 우상이 되면 필연적으로 어떤 결과에 빠지게 됩니까?

〈정답〉
① 결코 _____ 살 수 없게 됩니다(마 6:24).
② 사람보다 _____ 더 소중하게 됩니다(눅 15:28-30).
③ 반드시 _____ 에 들어서게 됩니다(약 1:15; 딤전 6:10).
④ 결코 _____ 얻을 수 없습니다(렘 2:13).
⑤ 인생의 중심에 _____ 있게 됩니다(눅 12:16-21).

딤전 6:10
돈을 사랑함이 일만 악의 뿌리가 되나니 이것을 탐내는 자들은 미혹을 받아 믿음에서 떠나 많은 근심으로써 자기를 찔렀도다

마 6:24
한 사람이 두 주인을 섬기지 못할 것이니 혹 이를 미워하고 저를 사랑하거나 혹 이를 중히 여기고 저를 경히 여김이라 너희가 하나님과 재물을 겸하여 섬기지 못하느니라

눅 15:28-30
그가 노하여 들어가고자 하지 아니하거늘 아버지가 나와서 권한대 아버지께 대답하여 이르되 내가 여러 해 아버지를 섬겨 명을 어김이 없거늘 내게는 염소 새끼라도 주어 나와 내 벗으로 즐기게 하신 일이 없더니 아버지의 살림을 창녀들과 함께 삼켜 버린 이 아들이 돌아오매 이를 위하여 살진 송아지를 잡으셨나이다

약 1:15
욕심이 잉태한즉 죄를 낳고 죄가 장성한즉 사망을 낳느니라

렘 2:13
내 백성이 두 가지 악을 행하였나니 곧 그들이 생수의 근원되는 나를 버린 것과 스스로 웅덩이를 판 것인데 그것은 그 물을 가두지 못할 터진 웅덩이들이니라

눅 12:16-21
또 비유로 그들에게 말하여 이르시되 한 부자가 그 밭에 소출이 풍성하매 심중에 생각하여 이르되 내가 곡식 쌓아 둘 곳이 없으니 어찌할까 하고 또 이르되 내가 이렇게 하리라 내 곳간을 헐고 더 크게 짓고 내 모든 곡식과 물건을 거기 쌓아 두리라 또 내가 내 영혼에게 이르되 영혼아 여러 해 쓸 물건을 많이 쌓아 두었으니 평안히 쉬고 먹고 마시고 즐거워하자 하리라 하되 하나님은 이르시되 어리석은 자여 오늘 밤에 네 영혼을 도로 찾으리니 그러면 네 준비한 것이 누구의 것이 되겠느냐 하셨으니 자기를 위하여 재물을 쌓아 두고 하나님께 대하여 부요하지 못한 자가 이와 같으니라

❖ 그리스도인은 '돈'의 관리인이다

7. 하나님을 제대로 믿는다면 재물에 의지하지 않을 수 있습니다. 돈에 얽매이거나 의지하지 않도록 하기 위해 예수님께서 경고하신 말씀은 무엇입니까? (마 6:24)

   Q. 왜 예수님은 재물에 대해 주인이라는 인격적 표현을 썼습니까? (눅 4:5-7; 고후 4:4)

8. 다음 성경 구절은 재물을 사용하는 사람에 대해서 어떻게 묘사하고 있습니까?

   • 시편 24:1

마 6:24
한 사람이 두 주인을 섬기지 못할 것이니 혹 이를 미워하고 저를 사랑하거나 혹 이를 중히 여기고 저를 경히 여김이라 너희가 하나님과 재물을 겸하여 섬기지 못하느니라

눅 4:5-7
마귀가 또 예수를 이끌고 올라가서 순식간에 천하 만국을 보이며 이르되 이 모든 권위와 그 영광을 내가 네게 주리라 이것은 내게 넘겨 준 것이므로 내가 원하는 자에게 주노라 그러므로 네가 만일 내게 절하면 다 네 것이 되리라

고후 4:4
그 중에 이 세상의 신이 믿지 아니하는 자들의 마음을 혼미하게 하여 그리스도의 영광의 복음의 광채가 비치지 못하게 함이니 그리스도는 하나님의 형상이니라

시 24:1
땅과 거기에 충만한 것과 세계와 그 가운데에 사는 자들은 다 여호와의 것이로다

- 마태복음 6:24

- 마태복음 24:45, 47

9. 이 세상 모든 만물의 소유주가 하나님이라는 사실을 확신하는 우리 성도들은 돈을 사용하는 사람들이 관리자, 즉 청지기라는 사실도 깨달아야 합니다. 돈의 청지기로 살아가는 성도들은 어떤 자세로 재물을 관리해야 합니까?(벧전 4:10-11)

> 자신이 땀 흘려 번 돈을 자신이 원하는 곳에 쓰는 것은 당연해 보이고 그것을 문제 삼을 사람은 없다고 생각할 수 있습니다. 하지만 돈을 어떻게 사용하는지 확인해 보면 그 사람의 인격과 신앙을 볼 수 있습니다. 우리가 가진 것의 참된 주인이신 하나님의 뜻에 따라 재물을 관리할 줄 아는 지혜를 배워야겠습니다.

"막상 돈의 청지기로 재물을 관리하는 것은 그리 쉽지 않습니다. 적당한 훈련을 받아야 몸에 익은 재물 관리를 할 수 있을 것입니다. 청지기 의식을 가지고 재물을 관리했던 경험이 있으면 나누어 봅시다."

마 24:45
충성되고 지혜 있는 종이 되어 주인에게 그 집 사람들을 맡아 때를 따라 양식을 나눠 줄 자가 누구냐

마 24:47
내가 진실로 너희에게 이르노니 주인이 그의 모든 소유를 그에게 맡기리라

벧전 4:10-11
각각 은사를 받은 대로 하나님의 여러 가지 은혜를 맡은 선한 청지기같이 서로 봉사하라 만일 누가 말하려면 하나님의 말씀을 하는 것같이 하고 누가 봉사하려면 하나님이 공급하시는 힘으로 하는 것같이 하라 이는 범사에 예수 그리스도로 말미암아 하나님이 영광을 받으시게 하려 함이니 그에게 영광과 권능이 세세에 무궁하도록 있느니라 아멘

❖ 적용 질문

1. 나는 재물에 대해 어떤 자세로 살아가고 있습니까?
   각자 지금까지의 재물에 대한 태도를 나눠 봅시다.
2. 당신에게 있어서 청지기적 자세로 재물을 관리해야 할 것은 무엇입니까?

마치면서 —

1. 둘씩 짝을 지어 적용을 나누고 서로를 위해 기도합시다.
2. 인도자는 주중에 조원들에게 문자나 전화를 하여 어떻게 적용이 진행되고 있는지 확인하고 권면하는 시간을 갖는 것이 좋습니다.

4
그리스도인의 재테크

: 그리스도인은 재물을 어떻게 관리해야 하는가?

빠듯한 월급으로 작은 집이라도 한 칸 마련하려면 직장인들에게 재테크는 중요합니다. 흔히 '재테크' 하면 재산을 증식하는 방법에 대해서만 이야기하는데 진정한 재테크는 돈을 어떻게 관리하고 사용하는가 하는 더욱 근본적인 문제라고 할 수 있습니다.

이 점에 있어서 사람은 너나 할 것 없이 본질상 죄악된 욕심이 있으므로 자신을 절제하는 훈련이 필요합니다. 재물을 가지고도 겸손한 사람, 돈을 의지하지 않을 수 있는 사람은 돈을 사용하는 데 남다를 것입니다.

돈을 많이 벌든, 적게 벌든 돈이 부족해서 쩔쩔맸다면 이제는 하나님의 청지기로서 바르게 살아봅시다.

⁛ 수입에 대하여

1. 현재 당신의 수입에 대해서 어떻게 생각하십니까? 해당되는 곳에 표시해 보십시오.

   - [ ] 매우 만족스럽다.
   - [ ] 만족스러운 편이다.
   - [ ] 보통이다.
   - [ ] 불만스러운 편이다.
   - [ ] 매우 불만스럽다.

2. 만약 만족스럽지 못하다면 현재의 수입보다 얼마나 더 벌었으면 좋겠습니까?

   혹시 수입을 늘리기 위해 생각해 본 구체적인 방안들이 있습니까?

3. 당신의 수입 내역을 생각해 보십시오. 혹시 그 가운데 정당하지 못한 방법으로 얻은 수입은 없습니까?

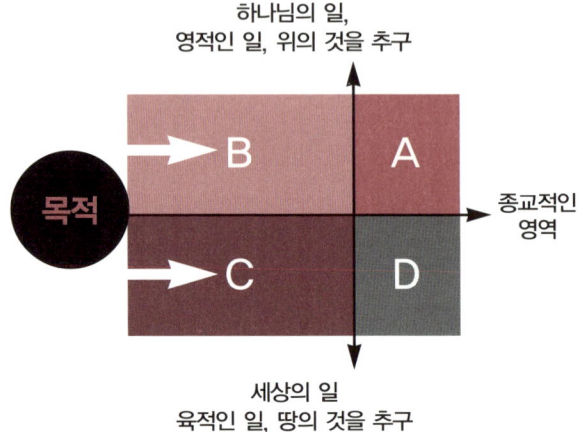

4. 돈을 더 벌고 싶은 목적이 하나님께서 기뻐하시는 영역(B)에 있는지, 아니면 하나님께서 기뻐하시지 않는 영역(C)에 있는지를 어떻게 구분할 수 있습니까?

돈을 버는 것은 생활인의 책임입니다(엡 4:28 ; 살후 3:12). 그러므로 소득을 얻기 위해 열심히 일해야 합니다. 그러나 그 소득이 불의해서는 결코 안 됩니다.

5. 성경은 불의한 방법으로 재물을 모은 사람에게 무엇을 경고합니까? (약 5:4-5)

엡 4:28
도둑질하는 자는 다시 도둑질하지 말고 돌이켜 가난한 자에게 구제할 수 있도록 자기 손으로 수고하여 선한 일을 하라

살후 3:12
이런 자들에게 우리가 명하고 주 예수 그리스도 안에서 권하기를 조용히 일하여 자기 양식을 먹으라 하노라

약 5:4-5
보라 너희 밭에서 추수한 품꾼에게 주지 아니한 삯이 소리 지르며 그 추수한 자의 우는 소리가 만군의 주의 귀에 들렸느니라 너희가 땅에서 사치하고 방종하여 살륙의 날에 너희 마음을 살찌게 하였도다

6. 우리 주변에는 맞벌이 부부들이 점차 늘어가고 있습니다. 그 이유는 다양할 것입니다. 부부가 함께 직장에 다니기 때문에 가정생활에 파생되는 득과 실은 어떤 것이 있습니까?

	득	실
남편		
아내		

TIP
경제적 수입에 대한 현재의 마음 자세를 점검해 볼 필요가 있습니다. 특히 맞벌이 부부들은 득과 실에 대한 바른 이해가 있는지 진지하게 생각해 봅시다.
앞으로 맞벌이 부부는 일반적인 추세가 될 것입니다. 하지만 미국에서는 가정으로 돌아가는 엄마가 생기기 시작하는 모습 속에서, '유형의 이익'과 '무형의 이익'에 대한 지혜가 필요할 때입니다.

ex) 잠언 31장, 현숙한 여인, 아내의 경제활동과 가정의 유익.

지출의 필요에 따라 수입을 늘리기 위한 여러 방법들을 검토해 볼 수 있습니다. 그러나 내 손 안에 들어온 일정한 액수의 돈을 어떻게 지출하느냐에 따라서 얼마든지 요긴하고 규모 있는 재정생활을 할 수 있다는 사실을 기억합시다. 바람직한 지출은 수입의 많고 적음을 조절할 수 있는 기준이 됩니다.

∴ 지출에 대하여

7. 평소에 돈의 지출 내역을 기록해 두십니까? 금전 출납부(가계부)를 적을 때 유익한 점은 무엇이라고 생각하십니까?

지난 한 달 동안의 지출 내역이 어느 정도인지 적어보십시오.

내역	금액	비고
식비		
의류		
교통비		
저축		
여가		
헌금과 구제		
경조비		
기타		
합계		

8. 만일 당신이 회사에서 탁월한 업무 실적으로 인해 예상치도 않게 500만 원을 포상금으로 받았다면 어디에 쓰고 싶으십니까?

9. 수입이 늘어나면 자신의 안락을 위해 무절제하게 씀씀이가 커지기 쉽습니다. 그런 사람들을 위해서 바울이 권면한 내용은 무엇입니까?(딤전 6:17-18) 디모데전서 6:18 말씀과 당신이 지출한 돈의 내역을 비교해 보십시오.

10. 물질주의 사회에서 악에 빠지지 않고(요 17:15), 이 세대를 본받지 않으며(롬 12:2), 생활하기 위해서는 생활양식(lifestyle)이 검소해야 합니다. 현재 당신의 지출 중에 자주 유혹을 받아서 절제하지 못하는 항목에는 어떤 것이 있습니까?

다음의 기준을 참고해서 당신의 소비 수준을 평가해 보십시오.

1) 그것은 필수적입니까, 사치입니까?

2) 그것은 특별 행사입니까, 일상적인 행사입니까?

딤전 6:17-18
네가 이 세대에서 부한 자들을 명하여 마음을 높이지 말고 정함이 없는 재물에 소망을 두지 말고 오직 우리에게 모든 것을 후히 주사 누리게 하시는 하나님께 두며 선을 행하고 선한 사업을 많이 하고 나누어 주기를 좋아하며 너그러운 자가 되게 하라

요 17:15
내가 비옵는 것은 그들을 세상에서 데려가시기를 위함이 아니요 다만 악에 빠지지 않게 보전하시기를 위함이니이다

롬 12:2
너희는 이 세대를 본받지 말고 오직 마음을 새롭게 함으로 변화를 받아 하나님의 선하시고 기뻐하시고 온전하신 뜻이 무엇인지 분별하도록 하라

3) 그것은 재능과 직업에 관계된 지출입니까? 체면과 신분 유지를 위한 지출입니까?

4) 그것은 다른 사람에게 덕이 됩니까?

5) 그것은 하나님 나라에 도움이 됩니까?

아래의 6~8번은 청지기적 자세로 지출하기 위한 추가질문입니다.

6) 이웃을 위해 사용하고 있습니까?

7) 가격 비교를 위해 세 곳 이상의 상점을 방문했습니까?

8) 가족(배우자, 자녀들)과 상의했습니까?

TIP --------
가계부를 기록하는 것의 유익은 알지만, 사람에 따라서는 가계부를 적는 것 자체가 스트레스일 경우가 있습니다. 그럴 경우에는 지출을 잘 관리하기 위한 대안을 세워야 합니다.
예를 들면, 지출의 항목을 정해 놓고 수입을 배분하여 사용해 보십시오. 미리 수입을 우선순위에 따라 분배해 놓고 사용해 보십시오.

∵ 재물 관리는 이렇게?

11. 물론 재물을 관리하기 위해서 노력하는 것이 나쁘다고는 말할 수 없습니다. 그러나 마태복음 25:20-27은 재물 관리의 어떤 면을 가르쳐줍니까?

12. 다음의 항목들은 크리스천으로서 재물 관리를 위해 고민해 보아야 할 문제들입니다. 우리는 크리스천으로서 각각 어떤 자세를 가져야 합니까?

   1) 장래를 위한 저축 :

마 25:20-27

다섯 달란트 받았던 자는 다섯 달란트를 더 가지고 와서 이르되 주인이여 내게 다섯 달란트를 주셨는데 보소서 내가 또 다섯 달란트를 남겼나이다 그 주인이 이르되 잘하였도다 착하고 충성된 종아 네가 적은 일에 충성하였으매 내가 많은 것을 네게 맡기리니 네 주인의 즐거움에 참여할지어다 하고 두 달란트 받았던 자도 와서 이르되 주인이여 내게 두 달란트를 주셨는데 보소서 내가 또 두 달란트를 남겼나이다 그 주인이 이르되 잘하였도다 착하고 충성된 종아 네가 적은 일에 충성하였으매 내가 많은 것을 네게 맡기리니 네 주인의 즐거움에 참여할지어다 하고 한 달란트 받았던 자는 와서 이르되 주인이여 당신은 굳은 사람이라 심지 않은 데서 거두고 헤치지 않은 데서 모으는 줄을 내가 알았으므로 두려워하여 나가서 당신의 달란트를 땅에 감추어 두었었나이다 보소서 당신의 것을 가지셨나이다 그 주인이 대답하여 이르되 악하고 게으른 종아 나는 심지 않은 데서 거두고 헤치지 않은 데서 모으는 줄로 네가 알았느냐 그러면 네가 마땅히 내 돈을 취리하는 자들에게나 맡겼다가 내가 돌아와서 내 원금과 이자를 받게 하였을 것이니라 하고

2) 대출 :

3) 부동산 투자 :

4) 신용 카드 사용 :

5) 보증 서는 일 :

참조 "너는 사람과 더불어 손을 잡지 말며 남의 빚에 보증을 서지 말라" (잠 22:26).

6) 그 외의 재정 문제 :

"열심히 수고하여 정직하게 재물을 모으는 것은 권장할 만한 일입니다. 그러나 재물을 모으는 데는 목적이 있어야 합니다. 자기 자신과 다른 사람에 대해서 좋은 목적을 가지고 재물을 저축하며 바람직한 방법으로 관리하기 위한 계획을 세워보고 나눠 봅시다."

⁂ 적용 질문

1. 지출은 습관에 의해 좌우되는 경우가 많습니다. 좋은 지출 습관과 나쁜 지출 습관에는 무엇이 있습니까?

마치면서 —

1. 둘씩 짝을 지어 적용을 나누고 서로를 위해 기도합시다.
2. 인도자는 주중에 조원들에게 문자나 전화를 하여 어떻게 적용이 진행되고 있는지 확인하고 권면하는 시간을 갖는 것이 좋습니다.

5

일터 문화,
마주하기 vs
등돌리기

: 그리스도인은 일터에서 어떻게 살아야 하는가?

크리스천이 되면 직면하는 어려움 중에 하나가 직장인의 회식자리에서의 갈등입니다. 한국의 일터에서 빗겨갈 수 없는 세속적인 문화의 형태는 크리스천으로 하여금 많은 갈등을 경험하게 합니다.
세상에서 살면서 크리스천은 세상 문화에 적응하면서 어떻게 구별된 삶을 살아야 하는지, 성경적인 기준과 실제적인 대안을 아는 것이 매우 중요합니다.
혼재해 있는 여러 문화관을 살펴보고, 우리의 일터에 하나님 나라의 문화를 이식하는 선한 영향력을 미치는 크리스천 문화 전도사가 되기를 바랍니다.

⁂ 일터 문화와의 충돌, 어떻게 해야 하나?

1. 크리스천으로 직장생활 중 가장 어려움을 겪는 직장 문화는 어떤 것입니까?

   (예: 회식, 주일에 갖는 야유회, 주일 근무, 고사에 참여하기, 익숙하지 않은 놀이문화 등)

2. 일터 문화와의 갈등에 대한 대안을 세우기 위해서는 세상 문화와 기독교 윤리에 대한 바른 이해가 필요합니다. 세상 문화와 기독교 윤리의 의미는 무엇이며 어떤 차이가 있습니까?

   1) 기독교 윤리 :

   일반적으로 윤리는 사람들이 지켜야 되는 생활의 규칙이며, 선과 악, 옳고 그름에 대한 기준을 말합니다. 기독교 윤리는 성경의 십계명과 같이, 나의 처지나 상황에 따라 변형되지 않는 절대적인 규범입니다.

   2) 문화 :

   문화는 우리가 공유하고 있는 의식이나 생활 양식입니다. 예를 들면 한국의 대표적인 음식 문화는 김치가 있으며, 대표적인 의복 문화는 한복이 있습니다.

⁑ 일터 문화를 이해하라

3. 교회에서는 역사적으로 세상 문화를 이해하는 세 가지 접근이 있었습니다. 격리적 문화관, 동화적 문화관, 개혁적 문화관입니다. 격리적 문화관은 어떻게 설명할 수 있습니까? 격리적 문화관이 갖고 있는 문제는 무엇입니까?

격리적 문화관은 일상적인 영역은 세속적이며 죄악된 것으로 보며, 종교적인 영역은 거룩하고 선한 것으로 보는 문화관입니다.

4. 격리적 문화관의 반대작용으로 동화적 문화관이 제시되었습니다. 동화적 문화관은 무엇이고 어떤 한계를 가지고 있습니까?

동화적 문화관은 일상적인 영역에서 인본주의적 가치관을 받아들여 세상에 동화되는 문화관입니다.

5. 성경적 문화관은 개혁적 문화관이라고 할 수 있습니다. 개혁적 문화관이란 무엇입니까?(마 6:9-10)

세상 문화 속에서 사는 크리스천은 세상 문화와 격리되어서도 안 되고 동화되어서도 안 됩니다. 세상과 격리되는 것이 아니라 함께 있으면서 구별되는 자세가 중요합니다.

마 6:9-10
그러므로 너희는 이렇게 기도하라 하늘에 계신 우리 아버지여 이름이 거룩히 여김을 받으시오며 나라가 임하시오며 뜻이 하늘에서 이루어진 것같이 땅에서도 이루어지이다

∴ 일터 안으로 들어가라

6. 예수님은 직장에서 일하는 우리 크리스천들이 기본적으로 어떤 자세를 가지고 살아가는 것을 원하실까요? 예수님이 하신 '대제사장적 기도' 속에서 확인해 봅시다(요 17:5).

7. 사도 바울이 죄악된 세상으로부터 도피하려고 하는 크리스천들에게 권면해 주는 내용은 무엇입니까?(고전 5:9-10)

    우리 크리스천들은 세상과 격리되어 살 수는 없습니다. 세상과 격리되는 것이 아니라 함께 있으면서 구별되는 자세가 중요합니다.

8. 이 땅에서 사는 크리스천도 세상 문화의 영향을 받지만, 세상 문화에 동화되어서는 안 됩니다. 그렇다면 어떻게 달라야 할까요?(마 5:13-16)

요 17:5
아버지여 창세 전에 내가 아버지와 함께 가졌던 영화로써 지금도 아버지와 함께 나를 영화롭게 하옵소서

고전 5:9-10
내가 너희에게 쓴 편지에 음행하는 자들을 사귀지 말라 하였거니와 이 말은 이 세상의 음행하는 자들이나 탐하는 자들이나 속여 빼앗는 자들이나 우상 숭배하는 자들을 도무지 사귀지 말라 하는 것이 아니니 만일 그리하려면 너희가 세상 밖으로 나가야 할 것이라

9. 성경은 크리스천이 세상에서 구별될 뿐 아니라, 더 적극적인 문화적 책임을 감당하기를 요구하고 있습니다. 크리스천이 일터 문화에 대해 가져야 할 자세는 무엇입니까? (마 13:31-33)

10. 내가 직면하는 문화적 갈등에 대한 성경적 대안은 무엇이라고 생각하십니까? (실패와 승리한 간증을 나누면서 실제적 대안을 찾아봅시다.)

마 5:13-16
너희는 세상의 소금이니 소금이 만일 그 맛을 잃으면 무엇으로 짜게 하리요 후에는 아무 쓸 데 없어 다만 밖에 버려져 사람에게 밟힐 뿐이니라 너희는 세상의 빛이라 산 위에 있는 동네가 숨겨지지 못할 것이요 사람이 등불을 켜서 말 아래에 두지 아니하고 등경 위에 두나니 이러므로 집 안 모든 사람에게 비치느니라 이같이 너희 빛이 사람 앞에 비치게 하여 그들로 너희 착한 행실을 보고 하늘에 계신 너희 아버지께 영광을 돌리게 하라

마 13:31-33
또 비유를 들어 이르시되 천국은 마치 사람이 자기 밭에 갖다 심은 겨자씨 한 알 같으니 이는 모든 씨보다 작은 것이로되 자란 후에는 풀보다 커서 나무가 되매 공중의 새들이 와서 그 가지에 깃들이느니라 또 비유로 말씀하시되 천국은 마치 여자가 가루 서 말 속에 갖다 넣어 전부 부풀게 한 누룩과 같으니라

✺ 다니엘의 일터 문화 바꾸기

11. 다니엘은 바벨론으로 끌려갔지만 그곳에서 승리하는 신앙인의 삶을 살았습니다. 다니엘이 바벨론 문화에 적응했지만 구별될 수 있었던 이유는 무엇입니까? (단 1:8-10)

12. 다니엘은 세속적인 문화에서 구별된 삶을 살았습니다. 다니엘의 삶과 같은 승리의 간증을 나누어 보기 바랍니다.

단 1:8-10
다니엘은 뜻을 정하여 왕의 음식과 그가 마시는 포도주로 자기를 더럽히지 아니하리라 하고 자기를 더럽히지 아니하도록 환관장에게 구하니 하나님이 다니엘로 하여금 환관장에게 은혜와 긍휼을 얻게 하신지라 환관장이 다니엘에게 이르되 내가 내 주 왕을 두려워하노라 그가 너희 먹을 것과 너희 마실 것을 지정하셨거늘 너희의 얼굴이 초췌하여 같은 또래의 소년들만 못한 것을 그가 보게 할 것이 무엇이냐 그렇게 되면 너희 때문에 내 머리가 왕 앞에서 위태롭게 되리라 하니라

※ 적용 질문

1. 하나님께서 나의 일터에 요구하시는 기독교 문화는 무엇입니까?

마치면서 —

1. 둘씩 짝을 지어 적용을 나누고 서로를 위해 기도합시다.
2. 인도자는 주중에 조원들에게 문자나 전화를 하여 어떻게 적용이 진행되고 있는지 확인하고 권면하는 시간을 갖는 것이 좋습니다.

월요일의 그리스도인
STUDY GUIDE

6

일터 문화에서 그리스도인으로 살아남기

: 그리스도인은 일터 문화 속에서 어떻게 생존할 수 있을까?

다니엘은 십대의 나이에 바벨론으로 끌려가서 이방 문화의 강요 속에서 혹독한 시절을 보냈습니다. 다니엘은 이방 문화에 적응했지만 동화되지 않고 구별된 삶을 살기 위해 결단을 내렸고 하나님의 도우심을 경험했습니다. 또한 초대 교회에서는 우상 제물에 대한 갈등이 있었습니다. 초대 교회에서도 그리스도 안에서 구별된 삶을 사는 것이 결코 쉽지는 않았습니다.

우리는 일터에서 부딪히게 되는 회식 문화와 고사 참여, 주일성수 문제로 어려움이 있습니다. 그럼에도 불구하고 주님께서는 우리와 함께 하시며 승리의 삶으로 인도하십니다.

∷ 술자리에 예수님이 앉아 계신다면?

1. 회사 전체나 부서원들이 공식적으로 모이는 회식자리나 몇몇 사람들이 모인 술자리 등에 참석해야만 할 때 당신의 기분은 어떻습니까? 크리스천으로서 회식자리에서 처신하기 가장 어렵고 부담스러운 점은 무엇입니까?

2. 성경은 크리스천들이 전통적으로 생각해 왔던 것과 달리 술에 대해서 긍정적으로 말하는 부분도 일부 있습니다. 그러나 술은 타락한 사람들에게 죄악의 도구로 사용되는 경우가 많았습니다. 다음의 성경 말씀을 찾아봅시다.

긍정적인 면
- 시편 104:15 상 :

- 전도서 9:7 :

시 104:15
사람의 마음을 기쁘게 하는 포도주와 사람의 얼굴을 윤택하게 하는 기름과 사람의 마음을 힘있게 하는 양식을 주셨도다
전 9:7
너는 가서 기쁨으로 네 음식물을 먹고 즐거운 마음으로 네 포도주를 마실지어다 이는 하나님이 네가 하는 일들을 벌써 기쁘게 받으셨음이니라

- 디모데전서 5:23 :

부정적인 면
- 창세기 9:20-27 :

- 잠언 23:29-34, 31:4-5 :

술 자체를 죄로 여길 필요는 없으나 술이 죄악의 도구가 될 수 있다는 사실을 명심해야 합니다. 크리스천 직장인들이 회식자리에서 술을 거절하면서 현명하게 처신하는 것을 크리스천의 정체성을 나타내는 기회로 삼아야 하는 이유도 바로 여기에 있습니다.

딤전 5:23
이제부터는 물만 마시지 말고 네 위장과 자주 나는 병을 위하여는 포도주를 조금씩 쓰라
창 9:20-27
노아가 농사를 시작하여 포도나무를 심었더니 포도주를 마시고 취하여 그 장막 안에서 벌거벗은지라 가나안의 아버지 함이 그의 아버지의 하체를 보고 밖으로 나가서 그의 두 형제에게 알리매 셈과 야벳이 옷을 가져다가 자기들의 어깨에 메고 뒷걸음쳐 들어가서 그들의 아버지의 하체를 덮었으며 그들이 얼굴을 돌이키고 그들의 아버지의 하체를 보지 아니하였더라 노아가 술이 깨어 그의 작은 아들이 자기에게 행한 일을 알고 이에 이르되 가나안은 저주를 받아 그의 형제의 종들의 종이 되기를 원하노라 하고 또 이르되 셈의 하나님 여호와를 찬송하리로다 가나안은 셈의 종이 되고 하나님이 야벳을 창대하게 하사 셈의 장막에 거하게 하시고 가나안은 그의 종이 되게 하시기를 원하노라 하였더라
잠 23:29-34
재앙이 뉘게 있느뇨 근심이 뉘게 있느뇨 분쟁이 뉘게 있느뇨 원망이 뉘게 있느뇨 까닭 없는 상처가 뉘게 있느뇨 붉은 눈이 뉘게 있느뇨 술에 잠긴 자에게 있고 혼합한 술을 구하러 다니는 자에게 있느니라 포도주는 붉고 잔에서 번쩍이며 순하게 내려가나니 너는 그것을 보지도 말지어다 그것이 마침내 뱀같이 물 것이요 독사같이 쏠 것이며 또 네 눈에는 괴이한 것이 보일 것이요 네 마음은 구부러진 말을 할 것이며 너는 바다 가운데에 누운 자 같을 것이요 돛대 위에 누운 자 같을 것이며
잠 31:4-5
르무엘아 포도주를 마시는 것이 왕들에게 마땅하지 아니하고 왕들에게 마땅하지 아니하며 독주를 찾는 것이 주권자들에게 마땅하지 않도다 술을 마시다가 법을 잊어버리고 모든 곤고한 자들의 송사를 굽게 할까 두려우니라

3. 특히 우리가 일하는 직업의 현장에는 술자리와 연관된 성희롱, 뇌물 수수 등 바람직하지 못한 '합병증'도 심각합니다. 술이 개인생활이나 사회에 미치는 파괴적 결과에 대해 예를 들어서 이야기해 봅시다.

4. 직장 동료나 거래처 사람들과 술자리를 함께 하게 되었을 때 이를 보시는 주님의 심정을 상상해 보십시오(마 10:16 참조). 파괴적인 부작용을 없애기 위해서도 우리의 회식 문화는 바람직한 방향으로 개선되어야 합니다. 어떻게 하면 일터의 회식 문화를 대체할 수 있을지 건설적인 제안을 나눠봅시다.
(예: 가족과 함께 야간 야구 경기, 공연 관람 등)

한국의 문화에서는 술을 거절하기가 쉽지 않습니다. 술 권하는 사회라고 말할 정도로 술을 권하는 것이 일반화되어 있습니다. 또한 폭탄주를 마시거나 술 취하도록 마시는 것을 관대하게 받아들이기도 합니다. 술 취함으로 인한 여러 문제들이 발생하는 이유입니다. 그래서 크리스천은 술을 애초부터 먹지 말 것을 교회법으로 강조하고 있습니다. 한국의 상황에서 술을 문화적인 문제로 이해할 것이 아니라 윤리적인 문제로 접근해야 하는 이유입니다.

마 10:16
보라 내가 너희를 보냄이 양을 이리 가운데로 보냄과 같도다 그러므로 너희는 뱀같이 지혜롭고 비둘기같이 순결하라

❖ 크리스천이 주인 되는 일요일!

5. 주일에 출근해서 일을 했거나 회사의 행사에 참여한 경험이 있습니까? 그런 일이 있을 때 어떻게 반응했습니까? 그 때 심정이 어땠습니까?

   안식일이 하나님의 안식을 기억하는 유대인들의 거룩한 날이었다면, 안식 후 첫 날인 주일은 부활을 기념하는 크리스천들의 거룩한 날입니다(요 20:1 참조). 초대 교회는 안식 후 첫 날을 주일로 구별하여 지켰습니다. 예수 그리스도의 부활은 진정한 안식을 가져다 준 날이기 때문입니다.

6. 일요일을 주일로 지킬 수 없는 특수한 상황들을 생각해 보십시오(예: 특수한 직장, 일직 근무, 외국 출장 등). 이런 상황에서 개인뿐 아니라 교회가 할 수 있는 다양한 대안에 대해 이야기를 나누어 봅시다(막 2:27-28 참조).

요 20:1
안식 후 첫날 일찍이 아직 어두울 때에 막달라 마리아가 무덤에 와서 돌이 무덤에서 옮겨진 것을 보고

막 2:27-28
또 이르시되 안식일이 사람을 위하여 있는 것이요 사람이 안식일을 위하여 있는 것이 아니니 이러므로 인자는 안식일에도 주인이니라

7. 주일에 우리가 해야 할 일들이 여러 가지 있습니다. 하나님을 진정으로 예배하면서 영적으로 힘을 얻고 몸과 마음이 진정한 쉼을 얻기 위해 실천할 일들에 대해서 생각해 봅시다.

우리가 일터에서 세속적인 직장 문화를 겪을 때 지나치게 소극적인 자세는 패배주의에 빠지게 하지만, 주 안에서 적극적인 자세로 임하면 세속 직장 문화 가운데서도 얼마든지 승리할 수 있습니다(요 16:33; 요일 5:4-5). 하나님이 주시는 용기와 믿음으로, 또한 뱀 같은 지혜로 세상과 맞서 싸웁시다.

- 예배(요 4:24) :

- 성도들의 모임(행 2:42; 히 10:24-25) :

- 여가 활동(사 58:13-14) :

요 16:33
이것을 너희에게 이르는 것은 너희로 내 안에서 평안을 누리게 하려 함이라 세상에서는 너희가 환난을 당하나 담대하라 내가 세상을 이기었노라

요일 5:4-5
무릇 하나님께로부터 난 자마다 세상을 이기느니라 세상을 이기는 승리는 이것이니 우리의 믿음이니라 예수께서 하나님의 아들이심을 믿는 자가 아니면 세상을 이기는 자가 누구냐

요 4:24
하나님은 영이시니 예배하는 자가 영과 진리로 예배할지니라

행 2:42
그들이 사도의 가르침을 받아 서로 교제하고 떡을 떼며 오로지 기도하기를 힘쓰니라

히 10:24-25
서로 돌아보아 사랑과 선행을 격려하며 모이기를 폐하는 어떤 사람들의 습관과 같이 하지 말고 오직 권하여 그 날이 가까움을 볼수록 더욱 그리하자

사 58:13-14
만일 안식일에 네 발을 금하여 내 성일에 오락을 행하지 아니하고 안식일을 일컬어 즐거운 날이라, 여호와의 성일을 존귀한 날이라 하여 이를 존귀하게 여기고 네 길로 행하지 아니하며 네 오락을 구하지 아니하며 사사로운 말을 하지 아니하면 네가 여호와 안에서 즐거움을 얻을 것이라 내가 너를 땅의 높은 곳에 올리고 네 조상 야곱의 기업으로 기르리라 여호와의 입의 말씀이니라

∷ 돼지머리와 한바탕 전쟁?!

8. 아직도 우리 일터에서는 시무식이나 큰 행사를 하기 전에 고사를 지내는 경우가 종종 있습니다. 인공위성을 발사하기 전에도 과학자들이 돼지머리를 놓고 고사를 지냈다는 소식도 들을 수 있습니다. 이런 일이 있을 때 크리스천으로서 어떻게 행동하십니까? 또는 그런 상황에 처하게 된다면 어떻게 행동하시겠습니까?

9. 바벨론에 포로로 잡혀가서 정부 관리로 일하던 다니엘의 세 친구들이 금 신상에 절하라는 명령을 거절한 것은 신앙의 모험이었습니다. 이 모험의 결과는 어떠했습니까?

- 왕에게 일어난 일(단 3:28) :

단 3:28
느부갓네살이 말하여 이르되 사드락과 메삭과 아벳느고의 하나님을 찬송할지로다 그가 그의 천사를 보내사 자기를 의뢰하고 그들의 몸을 바쳐 왕의 명령을 거역하고 그 하나님 밖에는 다른 신을 섬기지 아니하며 그에게 절하지 아니한 종들을 구원하셨도다

- 세 친구들에게 일어난 일(단 3:30) :

10. 다니엘의 세 친구들은 우상에 절하지 않으면 죽인다는 왕의 유혹과 위협을 극복하고 결국 이방 땅에서 하나님의 영광을 드러내는 기회를 만들었습니다. 주위에 이와 같은 사례가 있으면 이야기해 봅시다.

> 크리스천이 우상을 보면 기분이 좋을 리 없습니다. 그러나 그런 상황을 전도의 기회로 삼을 수 있어야 합니다(딤후 4:2). 일터에서 고사를 지낼 때 어떻게 처신할 것인지 미리 뜻을 정해놓아(단 1:8 참조), 지혜롭게 대처하면서 크리스천으로서 할 수 있는 일들에 대해 생각해 봅시다.

단 3:30
왕이 드디어 사드락과 메삭과 아벳느고를 바벨론 지방에서 더욱 높이니라
딤후 4:2
너는 말씀을 전파하라 때를 얻든지 못 얻든지 항상 힘쓰라 범사에 오래 참음과 가르침으로 경책하며 경계하며 권하라
단 1:8
다니엘은 뜻을 정하여 왕의 음식과 그가 마시는 포도주로 자기를 더럽히지 아니하리라 하고 자기를 더럽히지 아니하도록 환관장에게 구하니

∵ 적용 질문

1. 당신의 직장생활에서 회식, 주일성수와 관련하여 변화되어야 할 부분(창의적 접근)이 무엇입니까?

마치면서 —

1. 둘씩 짝을 지어 적용을 나누고 서로를 위해 기도합시다.
2. 인도자는 주중에 조원들에게 문자나 전화를 하여 어떻게 적용이 진행되고 있는지 확인하고 권면하는 시간을 갖는 것이 좋습니다.

월요일의 그리스도인
STUDY GUIDE

7

일터에서 뒤엉킨
대인관계 매듭풀기

: 일터에서 피할 수 없는 갈등을 지혜롭게 극복하라.

직장인들 열 명 중 여섯 명이 직장상사와 잦은 갈등을 겪고 있는 것으로 나타났습니다.
한 인터넷 취업포털 사이트가 직장인 1,230명을 대상으로 한 설문조사에 따르면, 상사와의 갈등 빈도가 높은 편입니다(38.4%). 매우 높다(21/1%), 보통이다(16.7%), 낮은 편이다(15.3%), 매우 낮다(8.5%)로 집계된 것을 보면 잘 알 수 있습니다.
이번 과를 통해 성경에 나오는 갈등 양상들을 정리해 보십시오.

∴ 개인적 이해관계로 빚어진 갈등

1. 고향 갈대아 우르를 함께 떠나 애굽으로 가는 길에 동참하면서 동고동락하던 삼촌 아브라함과 조카 롯 사이에 갈등이 생기게 되었습니다. 갈등의 원인은 무엇입니까? (창 13:6-7, 아브람은 아브라함의 이전 이름.)

2. 일터에서 당신이 손해 보는 것처럼 느껴지거나 혹은 당신이 속한 부서가 힘의 논리에서 타부서에 밀리는 것처럼 느껴질 때는 어떻게 반응합니까?

창 13:6-7
그 땅이 그들이 동거하기에 넉넉하지 못하였으니 이는 그들의 소유가 많아서 동거할 수 없었음이니라 그러므로 아브람의 가축의 목자와 롯의 가축의 목자가 서로 다투고 또 가나안 사람과 브리스 사람도 그 땅에 거주하였는지라

3. 이런 상황에서 자신의 이익을 놓치지 않으려고 애쓰다 보면 갈등이 더욱 심화될 가능성이 많습니다. 이때 크리스천의 자세에 대해 아브라함은 어떤 본을 보여줍니까? (창 13:8-9)

4. 아브라함의 태도는 단순한 양보심이나 세상적인 전략이 아니었습니다. 그는 신앙적인 근거를 가지고 이러한 태도를 취했습니다(창 12:1-3, 13:14-17). 여기에서 얻을 수 있는 교훈은 무엇입니까? (시 37:7-11 참조)

창 13:8-9
아브람이 롯에게 이르되 우리는 한 친족이라 나나 너나 내 목자나 네 목자나 서로 다투게 하지 말자 네 앞에 온 땅이 있지 아니하냐 나를 떠나가라 네가 좌하면 나는 우하고 네가 우하면 나는 좌하리라

창 12:1-3
여호와께서 아브람에게 이르시되 너는 너의 고향과 친척과 아버지의 집을 떠나 내가 네게 보여 줄 땅으로 가라 내가 너로 큰 민족을 이루고 네게 복을 주어 네 이름을 창대하게 하리니 너는 복이 될지라 너를 축복하는 자에게는 내가 복을 내리고 너를 저주하는 자에게는 내가 저주하리니 땅의 모든 족속이 너로 말미암아 복을 얻을 것이라 하신지라

창 13:14-17
롯이 아브람을 떠난 후에 여호와께서 아브람에게 이르시되 너는 눈을 들어 너 있는 곳에서 북쪽과 남쪽 그리고 동쪽과 서쪽을 바라보라 보이는 땅을 내가 너와 네 자손에게 주리니 영원히 이르리라 내가 네 자손이 땅의 티끌 같게 하리니 사람이 땅의 티끌을 능히 셀 수 있을진대 네 자손도 세리라 너는 일어나 그 땅을 종과 횡으로 두루 다녀 보라 내가 그것을 네게 주리라

시 37:7-11
여호와 앞에 잠잠하고 참고 기다리라 자기 길이 형통하며 악한 꾀를 이루는 자 때문에 불평하지 말지어다 분을 그치고 노를 버리며 불평하지 말라 오히려 악을 만들 뿐이라 진실로 악을 행하는 자들은 끊어질 것이나 여호와를 소망하는 자들은 땅을 차지하리로다 잠시 후에는 악인이 없어지리니 네가 그 곳을 자세히 살필지라도 없으리로다 그러나 온유한 자들은 땅을 차지하며 풍성한 화평으로 즐거워하리로다

∴ 어쩔 수 없는 세대 차이?

5. 바벨론 왕국에 망했다가 70년간의 포로생활을 마치고 돌아온 유다 백성들에게 있어서 무너진 예루살렘을 재건한다는 사실은 흥분할 만한 일이었습니다. 성전의 기초석을 놓을 때 사람들의 반응은 달랐습니다. 예전에 예루살렘 성전의 위용을 보았던 사람들과 대부분의 젊은 사람들의 반응이 어떻게 달랐습니까?(스 3:11-12) 이들이 서로 다른 반응을 보인 이유는 무엇이라고 생각하십니까?

6. 급격한 사회 변화는 세대차를 점점 더 벌려 놓고 있습니다. 예전에는 10년 정도 차이가 나면 세대차가 난다고 했는데 요즘은 4-5년만 벌어져도 세대 차이를 느낀다고 합니다. 최근에 일을 하면서 경험한 세대차에 대한 에피소드가 있다면 이야기해 보십시오.

스 3:11-12
찬양으로 화답하며 여호와께 감사하여 이르되 주는 지극히 선하시므로 그의 인자하심이 이스라엘에게 영원하시도다 하니 모든 백성이 여호와의 성전 기초가 놓임을 보고 여호와를 찬송하며 큰 소리로 즐거이 부르며 제사장들과 레위 사람들과 나이 많은 족장들은 첫 성전을 보았으므로 이제 이 성전의 기초가 놓임을 보고 대성통곡하였으나 여러 사람은 기쁨으로 크게 함성을 지르니

7. 세대 차이가 갈등 요인이 될 수 있지만, 때로는 서로의 약점을 보완하는 긍정적인 역할을 합니다. 공동체 안에서 서로 돌아보고(빌 2:3-4), 피차 가르치며(골 3:16), 배운다면 그런 유익을 얻을 수 있습니다. 당신이 직장 안에서 후배들에게 가르칠 것과 배울 것은 무엇입니까? 또 윗사람이나 나이 드신 분들에게 배울 것과 그들에게 도움을 줄 수 있는 것은 무엇입니까?

	배우고 도움을 얻을 것
후배에게	
선배에게	

빌 2:3-4
아무 일에든지 다툼이나 허영으로 하지 말고 오직 겸손한 마음으로 각각 자기보다 남을 낫게 여기고 각각 자기 일을 돌볼뿐더러 또한 각각 다른 사람들의 일을 돌보아 나의 기쁨을 충만하게 하라

골 3:16
그리스도의 말씀이 너희 속에 풍성히 거하여 모든 지혜로 피차 가르치며 권면하고 시와 찬송과 신령한 노래를 부르며 감사하는 마음으로 하나님을 찬양하고

❖ 승진의 사다리를 오르는 사람들

8. 예수님의 제자들은 야고보와 요한의 어머니가 자기 아들들을 예수님의 좌우편에 앉게 해달라고 부탁드리는 것을 보고 대단히 분노했습니다(마 20:24). 그리고 이 일 때문에 제자들 사이에 다툼이 일어났습니다(눅 22:24). 직장에서 당신과 경쟁이 되는 사람이 인정을 받거나 승진했을 때 마음이 몹시 상했던 적이 있습니까? 왜 마음이 상했나요?

9. 예수님은 높은 자리에 오르기를 바라며 다투는 제자들에게 무엇을 가르쳐주셨습니까?(눅 22:25-27) 이 가르침을 몸으로 직접 보여주신 구체적인 예는 무엇입니까?(막 10:45, 요 13:14)

마 20:24
열 제자가 듣고 그 두 형제에 대하여 분히 여기거늘

눅 22:24
또 그들 사이에 그 중 누가 크냐 하는 다툼이 난지라

눅 22:25-27
예수께서 이르시되 이방인의 임금들은 그들을 주관하며 그 집권자들은 은인이라 칭함을 받으나 너희는 그렇지 않을지니 너희 중에 큰 자는 젊은 자와 같고 다스리는 자는 섬기는 자와 같을지니라 앉아서 먹는 자가 크냐 섬기는 자가 크냐 앉아서 먹는 자가 아니냐 그러나 나는 섬기는 자로 너희 중에 있노라

막 10:45
인자가 온 것은 섬김을 받으려 함이 아니라 도리어 섬기려 하고 자기 목숨을 많은 사람의 대속물로 주려 함이니라

요 13:14
내가 주와 또는 선생이 되어 너희 발을 씻었으니 너희도 서로 발을 씻어 주는 것이 옳으니라

Q. 직장에서 예수님의 가르침에 따라 섬김의 본을 보인 일이 있는지 나누어 봅시다.

10. 요나단과 다윗은 왕권을 놓고 매우 적대적인 경쟁 관계가 될 수 있는 사이였습니다. 그러나 요나단은 친구 다윗이 자기보다 더 높은 지위에 있게 될 것을 알고 어떻게 했습니까?(삼상 23:17)

삼상 23:17
곧 요나단이 그에게 이르기를 두려워하지 말라 내 아버지 사울의 손이 네게 미치지 못할 것이요 너는 이스라엘 왕이 되고 나는 네 다음이 될 것을 내 아버지 사울도 안다 하니라

∷ 견해 차이로 인한 갈등

11. 바울과 바나바는 이방선교사로 임명받고 함께 전도여행을 했습니다(행 13:2-4). 그러나 2차 전도여행을 계획하면서 의견 차이가 생겼습니다. 의견 충돌의 내용은 무엇이었으며 왜 이 같은 결과가 발생했을까요?(행 13:13, 15:37-38)

12. 결국 두 사람은 의견 일치를 보지 못하고 갈라서고 말았습니다(행 15:39-40). 경우에 따라서는 헤어지는 것이 더 큰 갈등을 막는 유익한 길일 수도 있을 것입니다. 그러나 바울과 바나바가 갈라서기 전에 어떤 노력을 기울였다면 좋았겠는지, 의견 차이로 팽팽하게 대립된 상황에서 갈등을 해결했던 경험이 있다면 이야기해 보십시오.

행 13:2-4
주를 섬겨 금식할 때에 성령이 이르시되 내가 불러 시키는 일을 위하여 바나바와 사울을 따로 세우라 하시니 이에 금식하며 기도하고 두 사람에게 안수하여 보내니라 두 사람이 성령의 보내심을 받아 실루기아에 내려가 거기서 배 타고 구브로에 가서

행 13:13
바울과 및 동행하는 사람들이 바보에서 배 타고 밤빌리아에 있는 버가에 이르니 요한은 그들에게서 떠나 예루살렘으로 돌아가고

행 15:37-38
바나바는 마가라 하는 요한도 데리고 가고자 하나 바울은 밤빌리아에서 자기들을 떠나 함께 일하러 가지 아니한 자를 데리고 가는 것이 옳지 않다 하여

행 15:39-40
서로 심히 다투어 피차 갈라서니 바나바는 마가를 데리고 배 타고 구브로로 가고 바울은 실라를 택한 후에 형제들에게 주의 은혜에 부탁함을 받고 떠나

13. 바울과 바나바 간에 있었던 갈등은 나중에는 해결되었던 것으로 보입니다(골 4:10; 딤후 4:11 참조). 이런 상황에서 성경이 제시하는 관계의 해결 원리는 무엇입니까? (롬 12:18)

골 4:10
나와 함께 갇힌 아리스다고와 바나바의 생질 마가와 (이 마가에 대하여 너희가 명을 받았으매 그가 이르거든 영접하라)
딤후 4:11
누가만 나와 함께 있느니라 네가 올 때에 마가를 데리고 오라 그가 나의 일에 유익하니라
롬 12:18
할 수 있거든 너희로서는 모든 사람과 더불어 화목하라

❯❯❯ 적용 질문

1. 나에게 상처를 준 사람을 예수님의 이름으로 용서해 본 일이 있습니까? 만일, 용서가 되지 않으면 그 아픔을 하나님 앞에 내려놓은 일이 있습니까?
2. 나의 주변에 치유되고 회복되어야 할 사람이 누구입니까? 나의 기도가 필요한 사람을 위해 기도하는 시간을 가지십시오.

마치면서 —

1. 둘씩 짝을 지어 적용을 나누고 서로를 위해 기도합시다.
2. 인도자는 주중에 조원들에게 문자나 전화를 하여 어떻게 적용이 진행되고 있는지 확인하고 권면하는 시간을 갖는 것이 좋습니다.

8

일, 하나님의 소명

: 일상생활 속에서 하나님의 소명을 어떻게 이룰 수 있을까?

이른 아침 시간부터 거리는 일터로 향하는 사람들로 분주합니다. 이들 직장인들에게 "당신은 왜 일하십니까?"라고 묻는다면 어떤 대답을 할까요? 아마도 자신의 견해를 곧바로 소신껏 말할 수 있는 사람은 드물 것입니다.

그래도 굳이 한번 이야기해 보라면 '자아실현'이라든지 '생계유지' 등의 대답이 언급될 것입니다. 물론 그 같은 노동의 동기가 틀렸다는 뜻은 아닙니다. 다만 그리스도 안에서 새롭게 된 우리 크리스천 직장인들은 뭔가 달라야 한다는 것입니다.

누군가 당신에게 "왜 일하십니까?"라는 질문을 던져올 때 대답할 말을 준비해 두셨습니까?

⁍ 하나님은 일하신다

1. 성경은 하나님을 어떤 분으로 묘사하고 있습니까? 다음의 성경 구절을 찾아서 연결해 봅시다.

   창세기 1:1　　　　•　　　　• 토기장이
   시편 23:1-4　　　 •　　　　• 목자
   예레미야 18:1-4　 •　　　　• 농부
   요한복음 15:1-2　•　　　　• 창조주

위의 성경 구절들은 하나님의 모습을 창조주, 목자, 토기장이, 농부 등으로 묘사합니다. 우리가 주목해야 할 것은 하나님이 직업을 가지고 일하는 분으로 비유되었다는 점입니다.

창 1:1
태초에 하나님이 천지를 창조하시니라

시 23:1-4
여호와는 나의 목자시니 내게 부족함이 없으리로다 그가 나를 푸른 풀밭에 누이시며 쉴 만한 물 가로 인도하시는도다 내 영혼을 소생시키시고 자기 이름을 위하여 의의 길로 인도하시는도다 내가 사망의 음침한 골짜기로 다닐지라도 해를 두려워하지 않을 것은 주께서 나와 함께 하심이라 주의 지팡이와 막대기가 나를 안위하시나이다

렘 18:1-4
여호와께로부터 예레미야에게 임한 말씀에 이르시되 너는 일어나 토기장이의 집으로 내려가라 내가 거기에서 내 말을 네게 들려주리라 하시기로 내가 토기장이의 집으로 내려가서 본즉 그가 녹로로 일을 하는데 진흙으로 만든 그릇이 토기장이의 손에서 터지매 그가 그것으로 자기 의견에 좋은 대로 다른 그릇을 만들더라

요 15:1-2
나는 참포도나무요 내 아버지는 농부라 무릇 내게 붙어 있어 열매를 맺지 아니하는 가지는 아버지께서 그것을 제거해 버리시고 무릇 열매를 맺는 가지는 더 열매를 맺게 하려 하여 그것을 깨끗하게 하시느니라

2. 하나님이 천지 만물을 창조하기는 하셨지만 그 이후 이 세계의 운행에는 직접 관여하지 않으신다고 생각하는 사람들이 있습니다(理神論, deism). 세상 창조 후, 하나님은 세상이 자동으로 움직이도록 내버려두셔서 지금은 쉬고 계신다는 18세기 계몽주의 시대의 사상인데, 성경은 이 문제에 대하여 어떻게 대답하고 있습니까?

- 요한복음 5:17

- 여호수아 10:12-14

- 이사야 9:7

이같이 하나님께서 창조 이후로 지금까지 계속 일하고 계시다는 사실은 성경 여러 곳에서 증거되고 있습니다. 예수님도 "아버지께서 일하시니 나도 일한다."고 직접 말씀하셨습니다(요 5:17).

요 5:17
예수께서 그들에게 이르시되 내 아버지께서 이제까지 일하시니 나도 일한다 하시매
수 10:12-14
여호와께서 아모리 사람을 이스라엘 자손에게 넘겨 주시던 날에 여호수아가 여호와께 아뢰어 이스라엘의 목전에서 이르되 태양아 너는 기브온 위에 머무르라 달아 너도 아얄론 골짜기에서 그리할지어다 하매 태양이 머물고 달이 멈추기를 백성이 그 대적에게 원수를 갚기까지 하였느니라 야살의 책에 태양이 중천에 머물러서 거의 종일토록 속히 내려가지 아니하였다고 기록되지 아니하였느냐 여호와께서 사람의 목소리를 들으신 이 같은 날은 전에도 없었고 후에도 없었나니 이는 여호와께서 이스라엘을 위하여 싸우셨음이니라
사 9:7
그 정사와 평강의 더함이 무궁하며 또 다윗의 왕좌와 그의 나라에 군림하여 그 나라를 굳게 세우고 지금 이후로 영원히 정의와 공의로 그것을 보존하실 것이라 만군의 여호와의 열심이 이를 이루시리라

⋮⋮ 하나님은 사람에게
　　　일하라고 명령하셨다 : 창조

3. 인간은 다른 모든 피조물들과 달리 창조될 때부터 하나님의 형상대로 특별하게 창조되었습니다. 그런 인간에게 창조주 하나님은 어떤 명령을 주셨습니까? (창 1:28)

4. 하나님은 세상을 주관하시지만 구체적인 일은 사람에게 위임하셨습니다. 아담은 하나님이 주신 창조 명령을 에덴동산에서 어떻게 이행했습니까? (창 2:15, 19)

창 1:28
하나님이 그들에게 복을 주시며 하나님이 그들에게 이르시되 생육하고 번성하여 땅에 충만하라, 땅을 정복하라, 바다의 물고기와 하늘의 새와 땅에 움직이는 모든 생물을 다스리라 하시니라

창 2:15
여호와 하나님이 그 사람을 이끌어 에덴 동산에 두어 그것을 경작하며 지키게 하시고

창 2:19
여호와 하나님이 흙으로 각종 들짐승과 공중의 각종 새를 지으시고 아담이 무엇이라고 부르나 보시려고 그것들을 그에게로 이끌어 가시니 아담이 각 생물을 부르는 것이 곧 그 이름이 되었더라

죄악으로 인해 에덴동산에서 쫓겨난 사람들도 여전히 일하라는 하나님의 명령을 따랐습니다. 그들은 어떤 일을 했습니까?
(창 4:2, 20-22)

5. '하나님의 일'을 종교적 활동에 국한시켜서 이해하는 크리스천들이 많습니다. 그러나 우리가 하는 일을 하나님의 명령으로 받아들일 때 그 의미와 가치가 놀랍게 확장되는 경험을 하게 됩니다. 오늘 당신이 하는 일은 창조주 하나님을 대리하여 세상에서 하나님의 창조 사역을 지속하는 일을 하는 것입니다. 당신이 직장에서 하고 있는 일은 구체적으로 어떤 의미에서 하나님이 이 세상에서 계속하시는 창조 사역의 연장인지 생각해 보시기 바랍니다.

창 4:2
그가 또 가인의 아우 아벨을 낳았는데 아벨은 양 치는 자였고 가인은 농사하는 자였더라

창 4:20-22
아다는 야발을 낳았으니 그는 장막에 거주하며 가축을 치는 자의 조상이 되었고 그의 아우의 이름은 유발이니 그는 수금과 통소를 잡는 모든 자의 조상이 되었으며 씰라는 두발가인을 낳았으니 그는 구리와 쇠로 여러 가지 기구를 만드는 자요 두발가인의 누이는 나아마였더라

❉ 죄악은 일에 고통과 불의를 가져오고… : 타락

6. 직장에서 일하다 보면 일이 너무 힘들고 고달플 때가 있습니다. 사람이 누릴 수 있는 최상의 부귀와 영광을 평생 누린 솔로몬 왕도 일하는 수고의 헛됨과 슬픔을 말했습니다(전 2:22-23). 에덴동산에서는 즐겁게 할 수 있었던 일이 이렇게 사람들에게 부담스러워진 근본적인 이유는 무엇입니까? (창 3:17-19)

전 2:22-23
사람이 해 아래에서 행하는 모든 수고와 마음에 애쓰는 것이 무슨 소득이 있으랴 일평생에 근심하며 수고하는 것이 슬픔뿐이라 그의 마음이 밤에도 쉬지 못하나니 이것도 헛되도다

창 3:17-19
아담에게 이르시되 네가 네 아내의 말을 듣고 내가 네게 먹지 말라 한 나무의 열매를 먹었은즉 땅은 너로 말미암아 저주를 받고 너는 네 평생에 수고하여야 그 소산을 먹으리라 땅이 네게 가시덤불과 엉겅퀴를 낼 것이라 네가 먹을 것은 밭의 채소인즉 네가 흙으로 돌아갈 때까지 얼굴에 땀을 흘려야 먹을 것을 먹으리니 네가 그것에서 취함을 입었음이라 너는 흙이니 흙으로 돌아갈 것이니라 하시니라

7. 사람이 이 세상에서 하는 모든 일은 하나님의 일이었습니다. 그러나 사람이 범죄한 이후 일에 변화가 생겼습니다. 그 분명한 차이를 보여주는 예가 있습니다. 노아가 방주를 지은 일과 사람들이 바벨탑을 쌓은 일은 오랜 기간 열심히 했던 일이지만 그 동기와 결과가 어떻게 다릅니까? (창 6:14, 11:3-4)

8. 사회가 발달함에 따라 일이 더욱 전문적으로 세분화되어 다양한 직업들이 새로 생겼습니다. 그런데 죄악 세상 속에서 직업을 가지고 살아가면서 하나님의 사람으로서 선택하지 말아야 할 직업들이 있습니다. 어떤 직업들입니까?

창 6:14
너는 고페르 나무로 너를 위하여 방주를 만들되 그 안에 칸들을 막고 역청을 그 안팎에 칠하라
창 11:3-4
서로 말하되 자, 벽돌을 만들어 견고히 굽자 하고 이에 벽돌로 돌을 대신하며 역청으로 진흙을 대신하고 또 말하되 자, 성읍과 탑을 건설하여 그 탑 꼭대기를 하늘에 닿게 하여 우리 이름을 내고 온 지면에 흩어짐을 면하자 하였더니

❖ 그리스도의 십자가를 통한
　　일의 회복 : 구속

9. 타락의 결과로 세상에는 거룩한 일과 세속적인 일이 구분되었습니다. 그러나 하나님은 예수 그리스도의 구속 사역을 통해 성속(聖俗)의 벽을 허무셨기에 그리스도 안에 있는 사람들이 하는 일에는 성속의 구분이 있을 수 없습니다. 지금 당신이 하고 있는 일을 목회자가 하는 일과 비교해 볼 때 공통점은 무엇이고, 차이점이 있다면 무엇이라고 생각하십니까?

• 공통점 :

• 차이점 :

10. 우리는 이제 그리스도 안에서 새로운 피조물이 되었습니다(고후 5:17). 이제 우리 크리스천 직업인들이 일하는 자세는 어떻게 변화되어야 합니까? (골 3:23)

또한 우리는 일터에서 하나님의 나라와 의를 구하는 삶을 살아야 합니다(마 6:33). 우리가 일터에서 하나님의 사람답게 일하려면 어떻게 해야 할지 생각해 봅시다. 일터에서 예수 그리스도와 동행하기 위해 구체적으로 바뀌어야 할 부분은 무엇인지 이야기해 봅시다.

고후 5:17
그런즉 누구든지 그리스도 안에 있으면 새로운 피조물이라 이전 것은 지나갔으니 보라 새 것이 되었도다

골 3:23
무슨 일을 하든지 마음을 다하여 주께 하듯 하고 사람에게 하듯 하지 말라

마 6:33
그런즉 너희는 먼저 그의 나라와 그의 의를 구하라 그리하면 이 모든 것을 너희에게 더하시리라

∴ 적용 질문

1. 일터에서 예수 그리스도와 동행하기 위해 구체적으로 바뀌어야 할 부분은 무엇인지 각자 적용한 후 함께 나눠 봅시다.

마치면서 —

1. 둘씩 짝을 지어 적용을 나누고 서로를 위해 기도합시다.
2. 인도자는 주중에 조원들에게 문자나 전화를 하여 어떻게 적용이 진행되고 있는지 확인하고 권면하는 시간을 갖는 것이 좋습니다.

9
일터, 인생 학교

: 일터는 신앙의 훈련장이다.

전통적인 교회에서는 신앙생활을 모인 교회 내의 활동으로 국한하여 생각하는 경향이 있었습니다. 그렇지만 주님은 우리 삶의 모든 영역에서 주인으로 계시며, 일터의 현장에서도 동행하기를 원하십니다. 일터는 흩어진 교회의 중요한 삶의 영역이며 모든 크리스천은 그 곳에서도 하나님의 역사하심을 경험해야 합니다.

그리스도인에게는 일터가 하나님과 동행하는 인생의 학교가 되어야 하며 또한 일터의 모든 활동이 지혜롭고 충성스러운 청지기로서의 삶이 되어가는 훈련의 장이어야 합니다. 일터에서의 신앙훈련의 필요성과 성장에 대한 성경적 기준과 대안을 바로 세우기를 바랍니다.

❖ 일터에서 신앙훈련이 왜 필요한가

1. 일터에서 신앙인과 비신앙인은 어떤 차이가 있습니까? 만일 차이가 분명하게 나타나지 않는다면 그 이유는 무엇일까요?

2. 고린도전서 3:1-3을 통해 고린도 교회의 성도들을 두 부류로 나눈다면 어떻게 나눌 수 있습니까?

   Q. 교회 내 분쟁의 원인이 어디에 있다고 생각하십니까?

고전 3:1-3
형제들아 내가 신령한 자들을 대함과 같이 너희에게 말할 수 없어서 육신에 속한 자 곧 그리스도 안에서 어린 아이들을 대함과 같이 하노라 내가 너희를 젖으로 먹이고 밥으로 아니하였노니 이는 너희가 감당하지 못하였음이거니와 지금도 못하리라 너희는 아직도 육신에 속한 자로다 너희 가운데 시기와 분쟁이 있으니 어찌 육신에 속하여 사람을 따라 행함이 아니리요

3. 히브리서 5:11-14에 두 부류의 사람들이 등장합니다. 서로 대조적인 두 부류의 사람들을 정리해 봅시다.

   Q. 두 부류 사람들의 공통점은 무엇입니까?

성경은 신앙의 성장을 분명히 가르치고 있습니다. 신앙에는 장성한 자가 있는가 하면 젖을 먹는 어린아이도 있습니다. 히브리인들에게 보낸 서신은 신앙의 연수가 오래됨에도 불구하고 젖을 먹는 어린아이에 머물러 있는 신자가 있음을 보여줍니다. 모든 그리스도인은 신앙생활을 통해 반드시 신앙의 성장이 나타나야 하며 자신의 신앙이 성장하고 있는지 분별할 수 있어야 합니다.

4. 신앙생활 연수가 오래된 신앙인임에도 불구하고 젖을 먹는 어린아이 신앙에 머물러 있는 이유는 무엇입니까?

히 5:11-14
멜기세덱에 관하여는 우리가 할 말이 많으나 너희가 듣는 것이 둔하므로 설명하기 어려우니라 때가 오래 되었으므로 너희가 마땅히 선생이 되었을 터인데 너희가 다시 하나님의 말씀의 초보에 대하여 누구에게서 가르침을 받아야 할 처지이니 단단한 음식은 못 먹고 젖이나 먹어야 할 자가 되었도다 이는 젖을 먹는 자마다 어린 아이니 의의 말씀을 경험하지 못한 자요 단단한 음식은 장성한 자의 것이니 그들은 지각을 사용함으로 연단을 받아 선악을 분별하는 자들이니라

∴ 일터에서의 신앙훈련

5. 교회의 직분을 맡고 있는 사람들(사도, 선지자, 복음 전하는 자, 목사와 교사)이 해야 하는 역할은 무엇입니까? (엡 4:11-15)

TIP --------
교회에는 다양한 직분을 맡고 있는 사람들이 있습니다. 초대 교회에도 사도와 선지자와 복음 전하는 자와 목사와 교사가 있었습니다. 하나님께서는 그리스도의 몸된 교회가 교회의 직분을 맡은 일꾼을 통해 바로 세워져 가기를 원하십니다.

6. 베드로후서 3:18을 통해 사도 베드로가 당부하는 내용은 무엇입니까?

엡 4:11-15
그가 어떤 사람은 사도로, 어떤 사람은 선지자로, 어떤 사람은 복음 전하는 자로, 어떤 사람은 목사와 교사로 삼으셨으니 이는 성도를 온전하게 하여 봉사의 일을 하게 하며 그리스도의 몸을 세우려 하심이라 우리가 다 하나님의 아들을 믿는 것과 아는 일에 하나가 되어 온전한 사람을 이루어 그리스도의 장성한 분량이 충만한 데까지 이르리니 이는 우리가 이제부터 어린 아이가 되지 아니하여 사람의 속임수와 간사한 유혹에 빠져 온갖 교훈의 풍조에 밀려 요동하지 않게 하려 함이라 오직 사랑 안에서 참된 것을 하여 범사에 그에게까지 자랄지라 그는 머리니 곧 그리스도라

벧후 3:18
오직 우리 주 곧 구주 예수 그리스도의 은혜와 그를 아는 지식에서 자라 가라 영광이 이제와 영원한 날까지 그에게 있을지어다

Q. "예수 그리스도의 은혜와 그를 아는 지식에서 자라가라."는 의미는 무엇입니까?

7. 골로새 교회를 향한 사도 바울의 사역의 전략은 무엇입니까?
   (골 1:28-29)

골 1:28-29
우리가 그를 전파하여 각 사람을 권하고 모든 지혜로 각 사람을 가르침은 각 사람을 그리스도 안에서 완전한 자로 세우려 함이니 이를 위하여 나도 내 속에서 능력으로 역사하시는 이의 역사를 따라 힘을 다하여 수고하노라

⁘ 일터에서의 신앙훈련 영역

8. 신앙 성장이란 구체적으로 어떠한 변화를 의미합니까?
   (눅 2:40, 52)
   (네 가지 관계에서의 변화를 정리해 봅시다.)

   〈정답〉
   1. (   ) 관계의 변화
   2. (   ) 관계의 변화
   3. (   ) 관계의 변화
   4. (   ) 관계의 변화

신앙의 성장은 거듭난 이후 이 땅을 떠나 주님 앞에 갈 때까지 일어나는 변화를 의미합니다. 그런데 신앙의 성장은 교회에서 신앙생활을 한 연수에 비례하지 않으며 또한 교회에서 봉사를 열심히 하는 것만으로 설명할 수 없습니다.

신앙의 성장이란 하나님과의 관계와 너와 나의 관계 그리고 일터의 현장에서와 내몸과의 관계에서 구체적이고 실제적인 변화로 나타나야 합니다. 모든 신앙인은 이 땅에서의 삶의 여정에서 지속적으로 주님과 교제하며 동행함으로 전인적인 변화가 반드시 나타나야 합니다.

눅 2:40
아기가 자라며 강하여지고 지혜가 충만하며 하나님의 은혜가 그의 위에 있더라
눅 2:52
예수는 지혜와 키가 자라가며 하나님과 사람에게 더욱 사랑스러워 가시더라

∷ 신앙훈련을 위한 구체적인 적용

9. 신앙이 성장하지 않는 어린아이 신앙의 특징은 무엇이며, 그에 대한 대안은 무엇입니까? (고전 3:1-3; 히 5:11-14; 엡 4:11-14 참조)

10. 나의 삶에서 전인적인 신앙 성장이 나타나고 있습니까? 나의 신앙이 성장하려면 어떻게 해야 합니까?

고전 3:1-3
형제들아 내가 신령한 자들을 대함과 같이 너희에게 말할 수 없어서 육신에 속한 자 곧 그리스도 안에서 어린 아이들을 대함과 같이 하노라 내가 너희를 젖으로 먹이고 밥으로 아니하였노니 이는 너희가 감당하지 못하였음이거니와 지금도 못하리라 너희는 아직도 육신에 속한 자로다 너희 가운데 시기와 분쟁이 있으니 어찌 육신에 속하여 사람을 따라 행함이 아니리요

히 5:11-14
멜기세덱에 관하여는 우리가 할 말이 많으나 너희가 듣는 것이 둔하므로 설명하기 어려우니라 때가 오래 되었으므로 너희가 마땅히 선생이 되었을 터인데 너희가 다시 하나님의 말씀의 초보에 대하여 누구에게서 가르침을 받아야 할 처지이니 단단한 음식은 못 먹고 젖이나 먹어야 할 자가 되었도다 이는 젖을 먹는 자마다 어린 아이니 의의 말씀을 경험하지 못한 자요 단단한 음식은 장성한 자의 것이니 그들은 지각을 사용함으로 연단을 받아 선악을 분별하는 자들이니라

엡 4:11-14
그가 어떤 사람은 사도로, 어떤 사람은 선지자로, 어떤 사람은 복음 전하는 자로, 어떤 사람은 목사와 교사로 삼으셨으니 이는 성도를 온전하게 하여 봉사의 일을 하게 하며 그리스도의 몸을 세우려 하심이라 우리가 다 하나님의 아들을 믿는 것과 아는 일에 하나가 되어 온전한 사람을 이루어 그리스도의 장성한 분량이 충만한 데까지 이르리니 이는 우리가 이제부터 어린 아이가 되지 아니하여 사람의 속임수와 간사한 유혹에 빠져 온갖 교훈의 풍조에 밀려 요동하지 않게 하려 함이라

∷ 적용 질문

1. 나의 신앙은 성장하고 있습니까?
2. 어린아이 그리스도인을 어떻게 도울 수 있습니까?
3. 신앙 성장을 위한 구체적인 대안이 있습니까?

마치면서 —

1. 둘씩 짝을 지어 적용을 나누고 서로를 위해 기도합시다.
2. 인도자는 주중에 조원들에게 문자나 전화를 하여 어떻게 적용이 진행되고 있는지 확인하고 권면하는 시간을 갖는 것이 좋습니다.

월요일의 그리스도인
STUDY GUIDE

사명선언문

너희가 흠이 없고 순전하여······세상에서 그들 가운데 빛들로
나타내며 생명의 말씀을 밝혀 _ 빌 2:15-16

1. 생명을 담겠습니다
만드는 책에 주님 주신 생명을 담겠습니다.
그 책으로 복음을 선포하겠습니다.

2. 말씀을 밝히겠습니다
생명의 근본은 말씀입니다.
말씀을 밝혀 성도와 교회의 성장을 돕겠습니다.

3. 빛이 되겠습니다
시대와 영혼의 어두움을 밝혀 주님 앞으로 이끄는
빛이 되는 책을 만들겠습니다.

4. 순전히 행하겠습니다
책을 만들고 전하는 일과 경영하는 일에 부끄러움이 없는
정직함으로 행하겠습니다.

5. 끝까지 전파하겠습니다
모든 사람에게, 땅 끝까지, 주님 오시는 그날까지
복음을 전하는 사명을 다하겠습니다.

서점 안내

광화문점 서울시 종로구 새문안로 69 구세군회관 1층
02)737-2288(T) 02)737-4623(F)

강남점 서울시 서초구 신반포로 177 반포쇼핑타운 3동 2층
02)595-1211(T) 02)595-3549(F)

구로점 서울시 구로구 시흥대로 577 3층
02)858-8744(T) 02)838-0653(F)

노원점 서울시 노원구 동일로 1366 삼봉빌딩 지하 1층
02)938-7979(T) 02)33391-6169(F)

분당점 경기도 성남시 분당구 황새울로 315 대현빌딩 3층
031)707-5566(T) 031)707-4999(F)

신촌점 서울시 마포구 서강로 144 동인빌딩 8층
02)702-1411(T) 02)702-1131(F)

일산점 경기도 고양시 일산서구 중앙로 1391 레이크타운 지하 1층
031)916-8787(T) 031)916-8788(F)

의정부점 경기도 의정부시 청사로47번길 12 성산타워 3층
031)845-0600(T) 031) 852-6930(F)

인터넷서점 www.lifebook.co.kr